なぜドイツではエネルギーシフトが進むのか

田口理穂 著
RIHO TAGUCHI

学芸出版社

はじめに

　ドイツを列車や車で走っているると、あちこちに風車が立っているのが見える。大きな羽を豪快に回す風車が、点々と地平線まで続いている様子は壮観だ。その合間にソーラーパネルを載せた住宅があり、バイオマス装置が目に入る。再生可能エネルギーはすっかり日常の風景になった。

　なぜドイツではエネルギーシフトが進むのだろうか。エネルギーシフトは、国と市民が求める未来であり、環境だけでなく経済発展に見合うためである。

　しかし、ドイツの脱原発や再生可能エネルギーの推進は、一朝一夕に実現したわけではない。１９８６年のチェルノブイリ原発事故が大きなきっかけとなった。ドイツの食べ物や環境を汚染し、人々を恐怖に陥れた。その後、全国各地で反原発デモが開かれ、政権にも影響を及ぼした。特に２０００年の再生可能エネルギー法により、固定価格での買い取り制度（ＦＩＴ制）が導入されたのは画期的だった。20年間全量買い取りが保証され、自家使用分が差し引かれることもない。市民や学校がソーラーパネルを屋根に設置し、農家がバイオマスを導入し、エネルギー協同組合が風力発電や地域暖房をつくった。当初、設備容量の半数は個人や農家が占めていたが、これは他国では例を見ない。

　再生可能エネルギーがここまで伸びたのは、安全なエネルギーを求める人々の意識だけでなく、投資が確実に報われるように保証されているからである。法的枠組みを整え、国民を巻き込んできた結果のうえに、現在がある。エネルギーシフトは政府レベルの動きでなく、ローカルレベルでの活動なのである。

日本では「原発は経済のために必要」という声が根強いと聞く。働き盛りのビジネスマンが主張するのはある程度理解できるが、20歳前後の若者でも原発は必要と信じている人が多いことに驚いた。原発を動かせば景気がよくなり、正規雇用され、よい生活ができるという論理である。再生可能エネルギーは不安定だが、原発は安いという刷り込みも根強い。

脱原発を決め、再生可能エネルギーを推進したからといってドイツが経済的に弱くなったわけではない。まさにその反対で、地域の価値創造や雇用が生まれている。本著では、ドイツがどのように再生可能エネルギーを推進しているのか、北ドイツの具体例を通してみていきたい。なぜ市民が再生可能エネルギーを支持しているのか。エネルギー政策の課題や法的枠組み、歴史的背景も紹介する。

ドイツで実現したことが、日本では本当に不可能なのか。ドイツの挑戦が、少しでもみなさんの参考になれば幸甚である。

2015年5月　ハノーファーにて　田口理穂

目次

3章　再生可能エネルギーは未来産業――73

ドイツの16州とハノーファーの位置図

1章

ドイツ再生可能エネルギーの今

1・1

エネルギーシフトを進めてきたドイツ

エネルギーシフトとは

ドイツのエネルギーシフトとは、いったい何だろうか。ドイツ語ではエネルギーヴェンデ（Energiewende）という。ヴェンデは「転換、革命」といった意味で、「シフト」よりも力強いイメージがある。政府関連機関であるドイツエネルギーエージェントによる２０１４年のアンケート（複数回答可）では、74%が「脱原発」、69%が「再生可能エネルギー推進」だと答えている。エネルギーシフトについて「重要かつ正しい決断だ」と思っている人は3分の2にのぼる。

エネルギー政策を担当する連邦経済エネルギー省のホームページには「エネルギーシフトとは、安全できれいな未来への我々の道である。再生可能エネルギーを推進し、エネルギー効率化を進め、原子力発電から脱却する。エネルギーシフトとは、エネルギーを持続可能につくりだし、ドイツを世界で最もエネルギー効率がよく、環境にやさしい市民経済にすることである」と書かれている。
さらに、エネルギーシフトの意義は以下のとおりだと定めている。

・脱原発を可能にする
・石油やガスの輸入から脱却する
・工業国であるドイツの成長と雇用に寄与する
・環境によくない排出ガスを減らす
・持続可能なエネルギー政策は経済的でもあることを証明する

ドイツ政府は省エネ、エネルギー効率化、再生可能エネルギー推進を柱に、2050年までに再生可能エネルギーで8割の電力をまかない、あわせてエネルギー消費を2008年の半分にすることを目標としている。具体的には電力において、再生可能エネルギーで2025年までに40〜45%、2035年までに55〜60%、2050年までに80%の電力をまかなうことを目標としている。再生可能エネルギーが、環境にやさしく安全であり、かつ支払い可能な値段でなければならないと強調している。電力料金が高いという現状を、回避する努力をしていることをアピールしているのだろう。国はエネルギーシフトについて案内する専用のホットラインを用意しており、市民はいつでも電話することができる。

ドイツではエネルギーの4割は冷暖房など建物に使われており、温暖化ガス排出の3分の1を占めるという。そのため新築の建物にはソーラーや地熱、バイオマスなど再生可能エネルギーか、ヒートポンプなどエネルギー効率のよい装置を使うことが法律で義務付けられている。２０１６年、２０２１年とさらに規制を強化する予定で、エネルギー消費を減らそうとしている。

２０１４年5月より、建物の販売や賃貸において「エネルギー証明書」の提示が義務付けられるようになった。冷暖房などのエネルギーの消費量を明記したもので、断熱工事がされていれば暖房費が低くなるなど、不動産価値を左右する。これにより住居を選ぶにあたって、広さや間取りと並んで、エネルギー消費も選択基準のひとつとなっている。

再生可能エネルギーがトップ電力に

２０１４年、再生可能エネルギーは総電力消費において26・2％を占め、褐炭や原子力、天然ガスなど他の電力源を抜き、初めてトップに躍り出た。連邦エネルギー水道事業連盟（ＢＤＥＷ）によると、２０１４年はドイツ国内の発電総量は６１４０万kWhとなり、風力が９・１％、バイオマスが７・０％、水力が３・３％、太陽光が５・７％を占めた（図１・１）。

再生可能エネルギーは他の電力源より最優先で送電線に取り込まれるため、再生可能エネルギーの発電量に応じて、ガスや石炭など他の電力源を減らして調整する。暖冬により前年に比べて電力消費の総量が５％減ったため、再生可能エネルギーの割合が相対的に増えた。褐炭は国内に埋蔵しており、安価のためよく利用されているが、25・４％と僅差で初めて再生可能エネルギーに後塵を拝した。２０２２年の脱原発を決めているドイツでは、脱原発によりCO_2排出量の増加が危惧されてきたが、再生可能エネルギーによるエネルギーシフトの道筋が開けていることを改めて見せ付けた。

２０１４年の再生可能エネルギーによる発電量は、主に風力発電を対象とした電力供給法導入となった１９９０年と比較すると約８倍に、再生可能エネルギー法の導入の２０００年と比べて４倍の増加となった。特に近年の増加は風力と太陽光発電によるところが大きく、２０１４年は風力発電装置が新たに１７００基（容量４・８GW分）建てられ、風力発電装置の総容量は38GWとなった。

ドイツ政府は２０２０年までに洋上風力を６・５GWとし、国内電力消費の５％をまかなう計画を立てている。２０１４年には新たに１４２基が建設され、総計１GWとなった。２０１５年末までに３GWになると予想されている。ドイツ北部の北海とバルト海上で作られた電力はドイツ南部の工業地帯まで送る必要があり、２千km以上の送電線の新設が必要だとされているが、

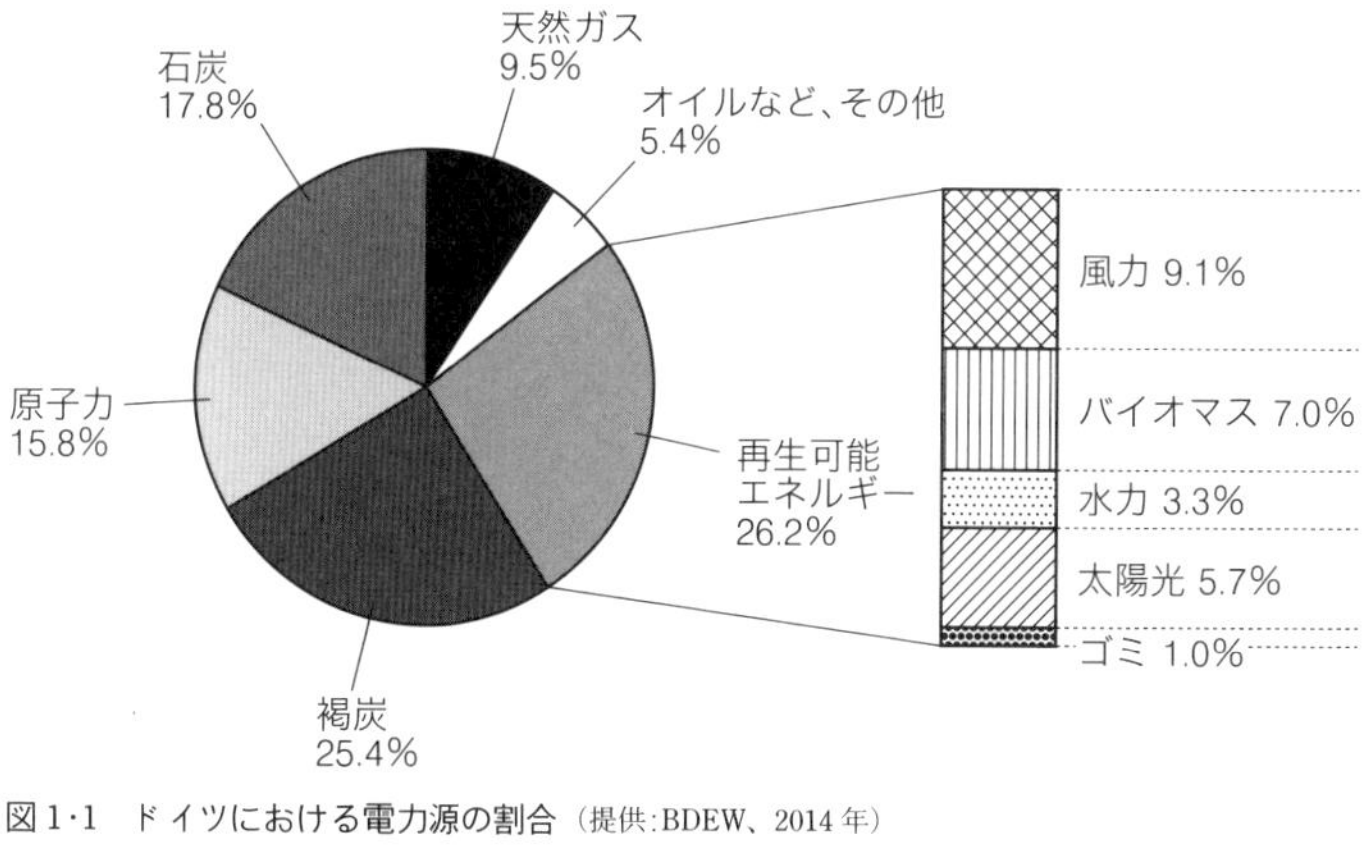

図1·1　ドイツにおける電力源の割合（提供:BDEW、2014年）

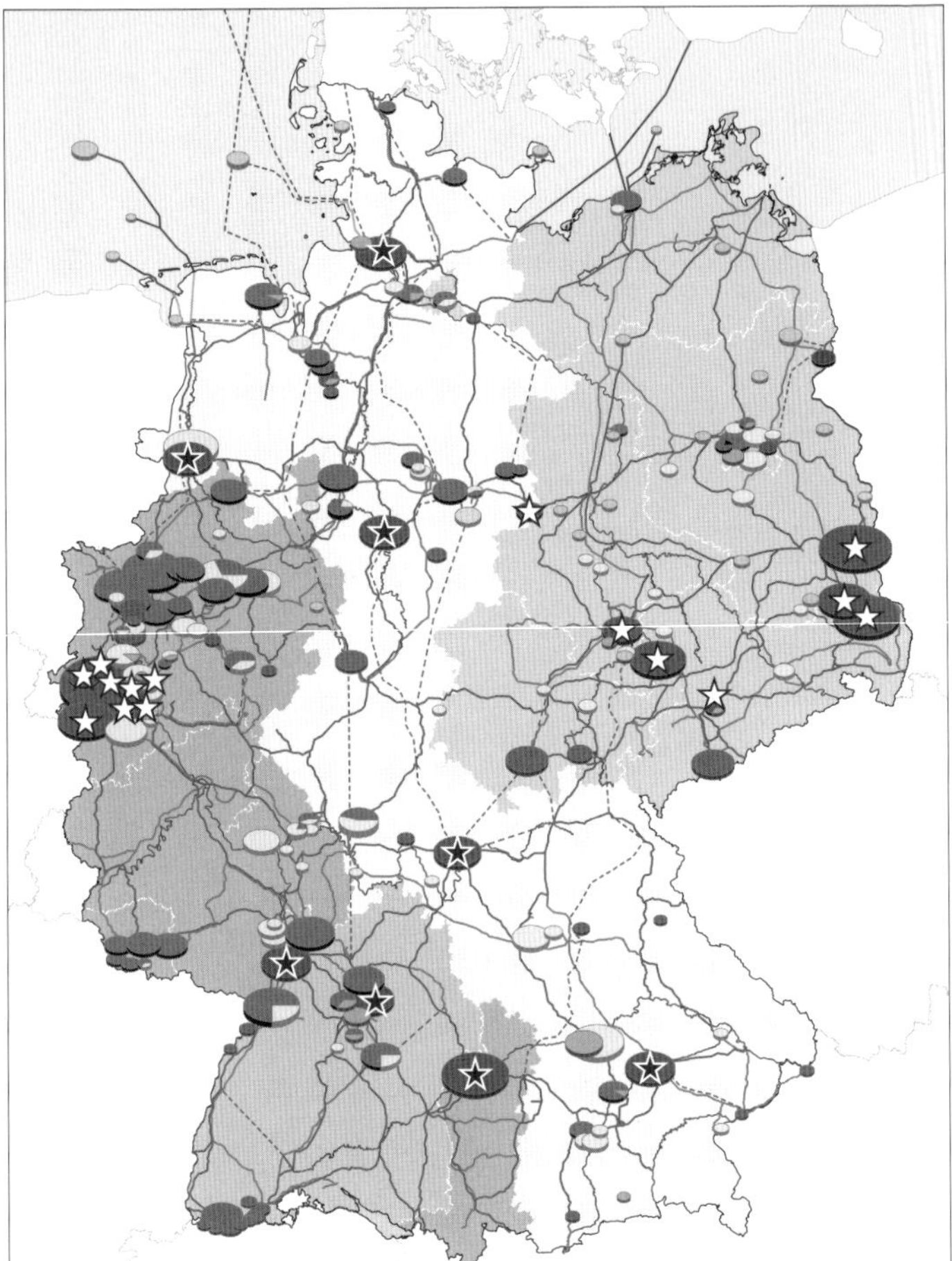

図1·2　ドイツの発電所と送電線の分布（提供：連邦環境庁）

ルートが決まらず工事は難航している。さらに送電線の不整備により、発電しても送電できない分は電力会社の非ではないため、発電分の費用は会社に支払われ、一般消費者の負担となる。

ドイツ風力エネルギー協会（ＢＷＥ）によると、２０１５年は風力発電全体で３・５〜４GW増加の見込みだという。風力は発電量が大きく、特にここ2年間バイオマスと太陽光発電の伸びが鈍っていることから、ドイツのエネルギーシフトにとって重要な役割を担うとしている。

ドイツはフランスからの原発の電力を輸入していると批判されるが、２０１４年のドイツの電力輸出総量は76・6TWh（テラワット時）、輸入は41・1TWhとなっており、輸出超過が35・5TWhとなっている。２００１年以来、電力の輸出はいつも超過しており、この批判は当てはまらない。福島原発の事故を受けて急遽ドイツ国内の原発8基を即停止した２０１１年も、63億kWh分輸出が上回っていた。

図１・２は、どこに何の発電所があるのか、送電線はどのように網羅されているのかを描いたものである。ドイツの東部と西部に褐炭発電所が集まり、北部と南部に原子力発電所があるのがわかる。

経済効果と雇用

連邦経済エネルギー省によると２０１３年、再生可能エネルギー分野で37万１４００人が従事していた。風力発電の分野が37％と一番多く、続いてバイオマス34％となっている。太陽光は18％となり、ソーラー分野での雇用が減ったため前年より減らした。

太陽光発電への急激な買い取り価格抑制と、安い中国製のソーラーモジュールにより、ドイツの太陽光発電関連の製造メーカーは苦戦している。中には倒産したところもある。しかし割安の外国産が入ってきても、設置工事やメンテナンス、販売の分野では引き続き雇用がある。これらの仕事は地域と密着しているので、地方活性化や地元の価値創造につながるのである。

もともと旧東ドイツ地域にソーラー関連の会社が多いのは、企業誘致のために設備投資に国の補助金が出ていたためである。会社設備に補助金が与えられ、太陽光発電の電力は固定価格で買い取りされるなど、国から二重に助成を受けるという特殊構造があった。

図1・3のように2014年にドイツでは188億ユーロが再生可能エネルギー設備の建設に投資された。中でも風力が一番多く、65・1%を占めた。次に多いのが太陽光発電装置で12・3%となっている。風力の画期的な伸びを反映して、投資額も反映して大きくなった。

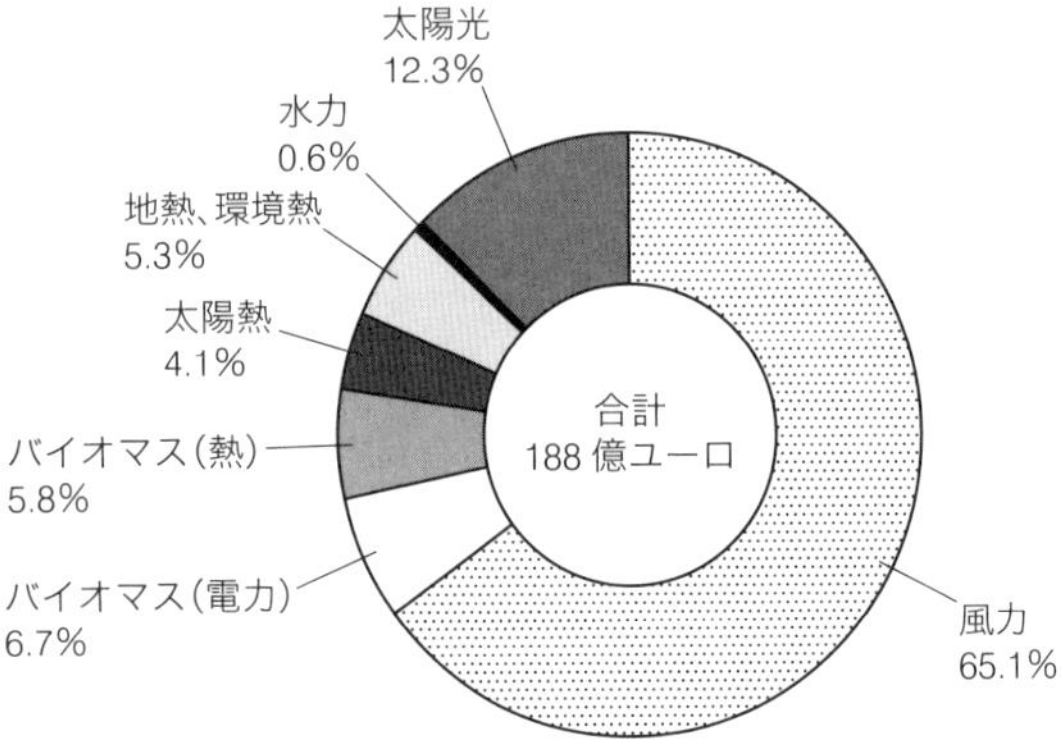

図1･3　再生可能エネルギー設備投資額（提供:ZSW、BMWi、2014 年）

1・2
ドイツと日本、ここが違う

自動販売機をなくせば原発はいらない

日本に来た外国人がまず驚くのは、ずらりと並んだ自動販売機である。スーパーも遅くまで開いており、電気があかあかと灯っている。コンビニエンスストアもまぶしいぐらいの明るさだ。

だから日本人がドイツに来ると、街が暗いことにびっくりするかもしれない。街の中心部にはオレンジ色の電球が灯っているが、街灯がない道もある。自動販売機やコンビニエンスストア、天にそびえるネオンもない。レストランは薄暗く、ろうそくが影を落としている。間接照明とろうそくが好まれるのは、目の色が薄く、強い光に弱いせいかもしれない。自動販売機は駅などごく限られたところにしか置かれていない。コンビニエンスストアの代わりに、小さな売店であるキオスクが街角にあるが、24時間営業はしておらず、品揃えも限られている。

アウトバーン、いわゆる高速道路も暗い。街灯はなく、夜は真っ暗である。トラック以外は無料なので、余計な設備は省かれている。アウトバーンは基本的に制限速度がないから、暗闇の中をベンツやＢＭＷが時速２００km以上でかっとばしていく。初めて夜にアウトバーンを走行したときは本当に怖かった。道路が空いていると前も後ろも横も真っ暗で、頼りはヘッドライトのみ。白い車線を頼りに進むことになるが、なんとも心もとない。他の車の後ろについて走ればいいのだが、時速１４０kmを出していても、後ろから抜かれてはみるみる引き離されてしまう。

一方、鉄道はどうだろうか。列車のクーラーは効きが弱く、よく故障する。クーラーが故障していても窓は開けられないので、熱射病の恐れがあると立入禁止となる車両がときどき出るほどだ。路面電車やバスは暖房はあってもクーラーがないところもある。私の住む北ドイツのハノーファーでも、バスや路面電車は窓がほとんど開けられないため、夏は暑い。デパートやスーパーも寒すぎず暑すぎずで、冬でもコートを着たまま買い物ができる。過剰なサービスはなく、最低限の設備である。

ドイツ人には信じられない、日本人のリスク感覚のなさ

福島原発があったのに原発を使いたがる日本人のことを、ドイツ人はまったく理解できない。一度事故が起これば、そこは人の住めない不毛の地となる。経済が停滞しても、人が死んだり、日本全土が不毛の地となるよりはずっといいではないか。ましてや福島産を食べようキャンペーンについてはなおさら。ど

うして体に害のある可能性があるのに、食べなければいけないのか。それが本当に福島の人々を支援することにつながるのか疑問だし、一般市民が自分の健康を危険にさらしてまですることではない、と多くのドイツ人は考えている。

ドイツでは、日本からの避難者を受け入れたいという人たちが多く名乗り出たが、実際に誰か来た例は私の周りにはなかった。福島近辺や東京に実家を持つ人が、家族をドイツに呼び寄せようとしたが、危機感の持ちようが違い、「安全な場所から、ごちゃごちゃいわれても困る。かまわないでくれ」といわれ、家族と仲たがいしたという例も聞く。ドイツから見ていると、日本のテレビで繰り返される「ただちに影響はない」という言葉を信じる人たちを、とてもはがゆく感じた。5年後、10年後はどうなるかわからないのに、今そこにいて安全なのかと。

事故当初、日本人だとわかると、多くの人に話しかけられた。今でもふとしたきっかけで日本人だとわかると「東京も危ない。どうしてみんな逃げないんだ。どうして原発推進派の政党が勝つのか」とよく聞かれる。一方、もう誰も住んでいないと思っている人も多い。だから原発から数十キロのところに住んでいる人がいると話すと、本当に驚かれる。

脱原発は国民の総意

ドイツの市民が脱原発を選んだのは、ドイツに住んでいると当然だと思える。福島原発の事故を知り、まず１９８６年のチェルノブイリの恐怖が蘇った。放射能への恐怖感だけでなく、政府への不信感もある。チェルノブイリ原発事故当時、２千㎞離れたドイツでも放射能が検出され、野菜や牛乳を廃棄し、子どもたちは外で遊べなくなった。いったいドイツ政府はなんといったのだろうか。いつ真実を公開したか。「日本政府の対応は、当時のソ連やドイツ政府とそっくり」という声が聞こえる。真実を伝えず過小評価していたという批判である。

チェルノブイリの事故の影響をドイツ人はまだ忘れていない。毎年4月26日には各地で追悼のイベントが開かれているのをはじめ、チェルノブイリ事故による放射線被害を受けている子どもたちを保養に受け入れている団体が全国各地にある。子どもたちは9歳から18歳で、28年前の事故の際、まだ生まれていなかった。彼らは正式には病気ではないが、放射能被害により健康が損なわれている。ドイツ北部のミンデン市では、２００3年「チェルノブイリ子ども支援会ミンデン」を有志で設立し、体調不良の子どもたちを支援している。２０１３年には42人が３週間やってきた。夏休み中の校舎を借りて昼間はさまざまな活動をし、夜は里親のところで眠る。週に2回遠足に出かけ、見聞を深める。たった3週間いるだけで、体は元気になるという。

ミンデンの催しでは、チェルノブイリ原発の事故処理に叔父が当たっていたという女性が体験談を披露した。叔父は国民の英雄として表彰され、懐中時計をもらったが、２００１年に病気になり、以後働けなくなった。15年たってからひどい障がいが出てきたのである。女性は「当時の英雄が、今は被害者になりました。これが現実です」と語り、福島でも同じことが起こるだろうと危惧した。

もともとドイツは自然保護運動や反原発運動が盛んだったが、それは森や自然、自分の住んでいる土地に愛着を持っているから。その大地が汚され、二度と人が住めなくなると思ったときに、人々は悟った。他にも発電方法はあるのに、原発にこだわる必要はないのではないか、と。だから、原発がすべて停止しても電力不足とならなかったのに、いまだ原発を推進しようとするのはまったく理解できない。ドイツ人は利己的なのかもしれない。自分の大事にしているものを汚されるのは嫌だし、自分が傷つくのも嫌だ。それには、原因となりうる原発を停めるのが一番。すると自分たちは安心して生活できる。

ドイツではさまざまなデモが日常的に行われている。反原発運動さえ、特別なことではない。多くの環境団体が存在しており、独自の研究をしているところも少なくない。環境運動から始まった緑の党が、政党で大きな役割を果たすようになったのも大きいだろう。デモに参加することを特別視する風潮もない。一般の人が、飛び込み参加で列に加わることも珍しくない。デモは事前に警察に届け出るのだが、デモによっては道路を封鎖し、警護してくれるなど、いたれりつくせり。ドイツではデモをする権利が保証されている。

福島原発が起こり、多くの人が反原発デモに参加した。「原子力？　おことわり（Atomkraft? Nein Danke）」ステッカーがあちこちで見られた。ベビーカーを押した家族連れの参加も目立ち、初めてデモに参加したという人も少なくなかった。それだけ福島原発事故はインパクトが大きかった。チェルノブイリ原発の事故の際、「ソ連は遅れているから」という声があったが、ハイテク日本での事故は大きなショックだった。私の住む北ドイツのハノーファーは、40㎞ほど離れたところにグローンデ原発がある。そのため脅威は大きかった。同じような事故があれば、ハノーファーも不毛の地となる。チェルノブイリの事故では2千㎞離れたドイツでも影響を受けたのだから、それが40㎞や100㎞ならどれだけ危ないことか。福島から200㎞の東京も論外であり、住み続けるのは自殺行為だ、という見解である。

メルケル首相は、人々の反原発の意志を敏感に読み取った。事故の4日後には稼動していた原発17基のうち、1980年以前に稼動を始めた7基を含む8基を即停止とした。そしてすべての原子炉の耐久性や安全性を調査するストレステストの実施を決めた。物理学の博士号を持つ首相は、原発の危険性を理解していたといわれる。そのうえで、このようなひどい事故は起こらないだろうと予想していた。

一方、2011年3月27日、ドイツ南部に位置するバーデン・ビュルテンブルク州の州議会選挙では、キリスト教民主同盟（CDU）が票を減らし、全国で初めて緑の党の州首相が誕生した。福島原発の事故前は、誰ひとりとして予測しなかった事態である。他州での州議会選挙でも原発推進派のCDUは票を減らし、反原発の国民の意志が強いことを見せつけた。これは日本とは違う点である。日本では脱原発運動が盛り上がっているように見えながら、選挙では相変わらず推

上：ハノーファーでの反原発デモ（2011年4月）
下：グローンデ原発での反原発デモ（2011年4月）

2C
3C
1A

ATOMKRAFT? NEIN DANKE
wer noch
aus dieser
des Irrtums

進派が票を集めるが、ドイツでは明確である。

メルケル首相は経済や社会学、宗教などさまざまな分野の専門家や議員17人による「安全なエネルギー供給に関する倫理委員会」を設置し、２０１１年4月4日から5月28日までエネルギー供給についてさまざまな観点から議論させた。委員会の議論は非公開だったが、公開の討論会もあり、メディアでも頻繁に報道された。脱原発をするか否かではなく、将来のエネルギー像がどうあるべきか包括的に国民とともに考える機会となった。原発事故が起きるリスク、未解決となっている放射性廃棄物処理、テロや自然災害などについても考慮した。倫理委員会は、どんなに安全性が高くても事故が起こりうる可能性はあり、原子力より安全なエネルギー源があると結論付けた。一方、技術者らによる原子炉安全委員会が別途、原発のストレステストをし、比較的安全だと判断していた。ところがメルケル首相は、倫理委員会の報告を元に6月6日原発停止の閣議決定をし、ほぼ全政党が賛成して脱原発を決めたのである。２０００年に決めた脱原発は２０１０年に反故とされたが、２０１１年の脱原発決定は、国民の総意を汲み取り政治決定したことなので、覆されることはないだろう。

1千の電力会社から自由に電気を買う

電力市場で日本とドイツの大きな違いは、なんといっても電力会社を選べることだろう。欧州連合の指針に基づき、ドイツでは１９９８年から電力市場が自由化された。事業者はもちろん、一般市民も好きなところから電力を購入できるようになった。現在、大小1千ほどの電力会社があり、インターネットで簡単に比較できる。郵便番号を入れると購入可能な電力会社が列記されるサイトがいくつもあり、「値段の安いもの」「再生可能エネルギーのみを扱っている」など諸条件で検索できる。乗り換えを考えている人には大変便利だ。新しい会社に申し込むと、現在の電力会社との解約手続きまでやってくれ、乗り換えは2週間で完了する。

ちなみに電力市場自由化前も、ドイツでは大小1千ほど電力会社があった。自治体が出資している電力公社をはじめ、電力供給を専門とする私企業があった。しかし電力供給をするには、その地域の送電線を所有している必要があるため、地域独占であり、人々は電力会社を選ぶことができなかった。自治体の中には電力公社を廃止し、安定した電力供給は手間がかかるわりに見返りが少ないと考え、私企業に売却してしまったところもあった。特に8つの大手電力会社の権力は絶大だった。この8社は自由化により4つに統合され、いっそう大きくなった。この4社で国内の電力の8割を占めており、原発を所有しているのもこの4社だけである。

自由化に伴い、再生可能エネルギーだけを扱う会社が現れた一方、安さを売りにするところも出てきた。一部の企業は1年単位で安いところを探して電力会社を乗り換えるようになったが、市民の乗り換えはほとんど進まなかった。再生可能エネルギーの会社から購入する人が増えるかと環境団体は期待したが、予想外に少なくがっかりした。また4大大手電力公社のひとつエーオンはハリウッドスターを使って大きな集客キャンペーンをしたが、乗り換えは数百人に留まったという。

乗り換えによるわずらわしさを敬遠した人が多かったのだろう。実際初めてのことばかりで、最初は会社を変更するのに手間がかかった。しかし今ではインターネットで簡単にできるうえ、別の客を紹介するとお礼に現金を支給したり、1年分先払いすると大幅割引があるなど、さまざまな集客作戦が展開されている。会社の評判が落ちると、すぐ客離れにつながるため、電力会社も必死である。4大大手のひとつ、スウェーデンに本社をおくヴァッテンファル・ヨーロッパは2006年と2007年にドイツの原発で小さな事故を起こした。それにより、顧客が20万人減った。市民の反応は早い。日本のように事故により電気代の値上げをしようとしたら、顧客は見放すだろう。

一方、福島原発の事故の後、ドイツでも再生可能エネルギーを扱う会社が顧客を増やした。4つの主要な再生可能エネルギー供給会社のひとつナチュアシュトロームは2011年初め約10万人の顧客がいたが、原発事故後5週間で、5万人の新規顧客を獲得。1年で倍増した。ちなみにすべての人が再生可能エネルギーのみを購入するようになれば、化石燃料や原子力による電力は買い手がつかなくなり、おのずと駆逐される。再生可能エネルギーを買うことは、個人による脱原発の実践、すなわちエネルギーシフトに寄与することになる。

しかし、ドイツの電力市場自由化は問題なく進んだわけではない。電力市場が自由化され、送電線や配電線を所有しなくても小売できるようになったが、送電配電線の使用料、いわゆる託送料がネックとなった。電力は送電線を通じてしか送れないため、既存の送電線を使わせてもらう必要がある。新設すると莫大な費用がかかるため現実的ではない。自由化当初、託送料金は自由競争の原理にのっとり各事業者が話し合いで決めるとしたため、送電線所有会社が託送料を高く設定し、新規参入会社が不利益をこうむっていた。中には託送料のため電気代を値上げしなければならず、経営困難となり、撤退したり倒産する会社も出てきた。自由化といいつつ、実際には、既存の利権を守る構造が残っていた。欧州連合の指針を受けて２００５年、送電線などを管轄する連邦政府の機関である連邦系統規制庁が、電力市場のフェアな自由競争を促すために規制に乗り出した。規制庁の介入により託送料金が下がり、本来の自由競争が実現した。

ドイツ中に巡らされた高圧送電線

フェアな電力供給には、送電線分離が必須

送電線分離については、送電線管理の子会社をつくって利権を残そうという4大大手電力会社により、なかなか進まなかった。高圧送電網など広い地域にわたる送電網はこの4社が所有していた。しかし欧州委員会の強い要望もあって、２００９年にエーオンがオラ

ンダの国営送電会社テンネットに、２０１０年にはヴァッテンファル・ヨーロッパも売却した。福島原発の事故以降、原発停止で業績が悪化したＲＷＥも関連企業でない会社に送電線を売却し、送電線分離が実現した。

大手送電線会社のひとつ50ヘルツは、「もっと洋上風力が増えてほしい」という。送電線分離する前は、ヴァッテンファル・ヨーロッパの一部として発電、送電、小売に携わり、再生可能エネルギーの新規参入には反対する立場だった。ところが、現在は送電線使用料が収入源となるため、多くの電力が圏内を通ることを望んでいる。電力市場自由化が適正に実施されるために、送電線分離は欠かせないのである。

送電線、配電線業務は地域独占である。全国にまたがる高圧送電線会社4社に加え、各地に約９００の配電線会社がある。配電線を所有している会社が、そこの自治体に電力供給をすることができ、その契約は20年ごとの更新になっている。送電会社は、送電線や配電線の管理やメンテナンスをしている。他の電力会社が送電線を使用する託送料は、国の連邦系統規制庁が監督しており、基準が定められている。そのため、一定の利益が保証された安定した仕事である。

これまで配電や送電線所有会社は、送電線や配電線の売却を渋っていた。しかし業績悪化や送電線老朽化によるコスト増で、売却をする会社も出始めている。また配電線を市民の手に取り戻そうと公営化の動きもあり、すでに１７０の自治体が買い戻した。そのひとつがドイツ第二の都市ハンブルク（人口１７０万人）である。２０１３年9月の市民投票で大手のヴァッテンファルの関連会社から、50・９％という僅差で買い戻しを決定。国政選挙と同じ日だったこともあり、投票率は約7割と高かった。市長は買い戻しに反対していたが、市民投票を受けて公社「ハンブルク送電線」を設立。ヴァッテンファルの社屋と社員をそのまま引き継いだため、社員は解雇や業務変更がほとんどなく業務を遂行している。首都ベルリン（人口340万人）でも同年、同様の市民投票が行われたが、過半数には及ばなかった。こちらも同じく、ヴァッテンファル相手だった。ベルリンとハンブルクはドイツの第一、第二の都市であり、電力はどちらもバッテンファルというスウェーデンの会社が供給していたが、市民投票によって大きく将来が分かれた形となった。

それにしても、送電線や配電線を買い取るのはエネルギーシフトにとってどういう意味があるのだろう。送電線会社は発電会社と小売会社の間に位置し、送電線を提供しているだけである。発電会社は発電方法を決めることでエネルギーシフトに寄与することができ、小売業者もどの電力を扱うかで企業理念を体現できる。市民は再生可能エネルギーか原発からの電気か、どういう発電方法で生まれた電気を選ぶかで意志表示をすることができる。しかし送電会社は、一体何ができるというのだろう。

ハンブルクでは、配電業務からヴァッテンファルを追い出そうとした。配電線を所有している会社が自治体に電力供給できる、というのは一理ある。しかし、それだけではない。ハンブルク送電線公社の法律担当トーマス・グロシェは「配電会社は市民と近く、市民への影響力が大きいため、再生可能エネルギー推進など独自の方針を市民に浸透しやすい。例えば、天候に左右される太陽光発電や風力発電を受け入れやすいような送電線を整備することができる」と話す。風力では発電量が急激に増えると、送電線が不安定になり、せっかく発電しても受け入れできないことがある。受け入れストップとなっても発電した分の料金は発電電力会社に支払われ、その分賦課金として消費者全体の負担となる。その量は約1％だという。しかし送電線をうまく整備することで、みすみす捨てている分を無駄なく使うことができるようになる。あちこちに散らばる市民発電所からの電力を受け入れやすくするよう整備することも重要である。スマートグリッドを通して、効率的に需要と供給を調整するのも課題のひとつである。

1・3
まずは省エネから始める

エネルギー消費を減らすのが第一

再生可能エネルギーのみを供給するシェーナウ電力会社の代表であるウルズラ・スラーデクに、エネルギー問題について日本で何かできることはないかと聞いたことがある。その答えが「まずは省エネ。節電はいつでもどこでも誰でもできる」だった。考えてみれば当たり前のことだが、当然すぎて驚いた覚えがある。

日本では電力会社は独占企業で、人々は電力会社の言い値で電気を買うしかない。その状況でいったい何ができるのか。それが節電というシンプルな答えだった。

節電というと「原始時代に戻れというのか」と頭ごなしに拒否する人がいる。寒いのに我慢しろといっているわけではない。ハイテクの現代、省エネ仕様の電化製品はたくさんあり、それを活用するのもひとつの手だ。テレビやプリンターのスタンドバイをやめたり、ノートパソコンのふたを閉じていても電力は消費され続けていると知っている人はどのくらいいるだろうか。知るだけで大きく違ってくる。無理すると長続きしないから、ちょっとしたことを習慣づけるのがいい。例えば誰もいない部屋の電気は切る、1時間以上使わないときはコンピュータの電源を切るなどである。コンセントに電源が入っているだけで、絶えず電力を消費している家電製品もある。めったに使わないものならコンセントを抜いてしまうことだ。

節電は環境のためによいだけではない。支出が減るのだから、自分のためにもなる。省エネのやり方は2つある。初期投資をかけて省エネ製品を買えば、その後ずっと苦なく節減でき、大きな効果が得られる。それとともに必要ない電気を消したり、スタンドバイをやめるなど省エネ行動が鍵となる。この2つが合わさって、初めて達成される。

ドイツではアパートなど集合住宅では廊下の電気はボタンを

さまざまなタイプの省エネランプやLEDランプ

押すと点灯し、数分すると消えるように設定されているのが一般的である。電灯が点けっぱなしという無駄を防ぐためである。駅やデパートでは、エスカレーターは停まっていて人が来たら動くようになっている。必要なところに対処し、無駄は省くという姿勢である。

ドイツは２０５０年までに再生可能エネルギーで８割の電力をまかない、２００８年比に比べてエネルギー消費を半分にすることを目標としている。毎年エネルギー消費を２・１％減らす目標を定めているが、ベルリン自由大学のミランダ・シュラーズ教授によると、１・３〜１・５％程度しか達成されていない。同教授は上述の「安全なエネルギー供給に関する倫理委員会」の委員のひとりで、国のエネルギー政策決定に重要な役割を果たした。CO_2を出さない再生可能エネルギーならいくら使ってもよいのか、という問いに「石炭や原発で発電しつつ、省エネしても意味がない。太陽光発電も風力発電も自然界にまったく影響を与えないわけではない。何よりも大切なのは省エネ」と話す。省エネが何よりも基礎となるのである。

２０１２年に採択されたＥＵの指針により、加盟国の電力会社は２０１４年から２０２０年まで毎年販売量の１・５％を節減するべきだと定められている。ドイツでは法律化されていないが、収益の１・５％を省エネ推進プログラムに回すように指導されている。すなわち顧客に省エネ指導をしなければならない。電力会社が省エネ指導とは、自社の売り上げを自ら下げるようなものだが、気候保護の観点からも省エネはそれほど重要なのである。

連邦経済エネルギー省によると、一般家庭でのスタンドバイによる消費は、家庭の電力消費の11％にのぼると試算されており、全国では230億ユーロがそのために無駄に支出されているという。そのため一度に複数のコンセントの電源が切れる電源タップの使用や、コンピュータが数分でスリープモードになるように設定することを勧めている。連邦環境庁の試算でも、省エネと電力効率化で最大110TWhの電力が節減できるという。約30の石炭発電所が余剰となる計算になり、すべての原発を停止するのはもちろん、新たな発電所を建設する必要もなくなる。まさに節電の威力、おそるべしである。

省エネ家電を推進する社会

2013年秋、ドイツには冷蔵庫2400種類、洗濯機700種類、食器洗浄機1100種類、乾燥機270種類があったという。ドイツ消費者団体によると、先進国では1人あたり年間約20トンの二酸化炭素を排出している。発展途上国では1トン以下だから、その差は歴然としている。気候保護には、全世界で1人あたり3・5トンに抑える必要がある。

欧州連合内は、商品について統一ラベルがあり、電力消費や環境負荷について一目でわかるようになっている。エコな商品は「A」として緑色で表示され、悪くなるにつれ、黄色、オレンジとなり最悪の「G」では赤色となる。冷蔵庫や洗濯機、テレビ、クーラー、電気オーブンなど電化製品はもちろん、車やタイヤにも使われている。

最近は改良が進み、冷蔵庫はAのみ、洗濯機はAからCの製品しか販売されていない。冷蔵庫と冷凍庫と洗濯機、食器洗い機ではA＋＋が標準で、A＋＋＋を買うよう推奨されている。テレビの電力消費は、AとFを比べると70％も違う。冷蔵庫では、A＋＋＋の年間の電気代が23ユーロとすると、A＋＋は31ユーロ、A＋は39ユーロ、Aは55ユーロとなり、A＋＋＋とAでは15年間で480ユーロ差がつく。一方テレビは、これまでAからGまでしかなかったが、A＋が2014年に導入となり、A＋＋が2017年、A＋＋＋が2020年に導入の予定だ。このように機種によって、どのカテゴリーが最良なのか違うため、注意が必要である。

ラベルは省エネ度についてだけでなく、製品の特性が記されている。洗濯機なら水の消費量をはじめ、脱水の性能や、衣類を一度に何kg洗えるかなど細かく表示されている。脱水がよくできれば乾くのが早く、乾燥機の使用時間を減らすことができる。

ドイツで定期的に発行されるパンフレットには、各メーカーの製品を比較し、コストがどれだけ削減できるか書いてある。「洗濯物は少量で洗わず、いっぱいに入れて回した方が効率がよい」「冷蔵は7度、冷凍はマイナス18度に」など、省エネアドバイスもあり、実用的だ。高い初期投資を何年で回収できるかわかるため、消費者には大助かり。エネルギーの節約は家計の支出を抑え、

電球にもEU統一ラベルが表示されている

かつCO_2排出を抑えることにもつながる。

連邦環境省では、生活保護を受給している家庭が省エネタイプの冷蔵庫に買い換える場合、150ユーロを補助するプログラムを用意している。2014年より2年間にわたり240万ユーロの予算がつき、16000台を入れ替えることで年間5000万kWhの節電が可能と試算されている。各家庭の節約では年間60から120ユーロ程度の節約となる。

ドイツ最大の環境自然保護連盟（BUND）のハンブルク支部のマンフレッド・バアシュ事務局長は、「LEDランプや省エネタイプの冷蔵庫を購入すれば、その後ずっと労せずして節約できる。非常に効率的」と話す。また「個々の世帯が省エネをするのはもちろん大事だが、企業が省エネすればインパクトは大きい」としている。

暖房のエネルギー消費をいかに減らすか

シベリア並みの緯度のドイツでは、エネルギー消費の8割が暖房に使われているという。そのため、いかに暖房費を節約するかが省エネルギーの鍵となる。連邦経済エネルギー省によると、既存の建物では2400万戸の住居に省エネ改装が必要だが、さまざまな助成金プログラムにも関わらず、実際は毎年1％ぐらいしか改装されていないという。

暖房や湯沸かしの燃料は天然ガスが一般的だが、ドイツで消費されるガスの4割はロシアからの輸入である。ウクライナや中欧を通ってパイプラインで送られてくるのだが、ロシアとウクライナでガス料金について折り合いがつかず、周辺国を巻き込んで政治的なトラブルとなっている。ロシアのガスの大半はウクライナを経由してヨーロッパに入ってくるため、ロシアがウクライナへの供給を停止するとドイツだけでなくヨーロッパ各国も大きな影響を受ける。マスコミは「冬に暖房が使えなくなるか」とパニックの口調で書きたて、エネルギー源の輸入はリスクが高いということを見せつけた。

政府は2009年に再生可能エネルギー熱法を制定し、50m^2以上の新築の建物に一定の割合で再生可能エネルギーによる熱供給を義務付けた。ドイツでは毎年約15万戸の住居や建物が新築されている。ただし教会や屋外倉庫などの建物は例外となる。この法律は湯や暖房だけでなく、冷房にも当てはまるが、ドイツは日本ほど暑くならないため、一般家庭にクーラーはあまり見かけない。熱分野での再生可能エネルギーとは、太陽光やバイオマス、ペレット、木材、地熱、大気熱などの利用である。例えば屋根に太陽光温水器（ソーラーコレクターともいう）をつけて温水をつくったり、ペレットで暖房する。薪《まき》の暖炉もそうである。風や太陽光は無料で、石油やウランと違って遠くから輸送する必要もなく、枯渇することもない。地元の樹木を使えば地域振興にもつながり、CO_2排出がニュートラルなことから気候保護に貢献できる。

2007年の熱分野での再生可能エネルギー利用は6％に過ぎなかったが、2020年に14％とすることを目標としている。これにより8600万トンのCO_2が削減となる。2050年までに、熱エネルギーの50％をまかなうことが可能という調査結果もある。電力分野に比べて熱エネルギーでの再生可能エネルギーの利用は進んでいない。政府はこの法制定により、気候保護はもちろん、熱エネルギー分野の技術革新を進め、化石燃料依存からの脱却をしたいと考えている。

新築の際には、どのエネルギー源を利用するか自分で選ぶことができるが、それぞれ基準が異なっている。例えば太陽熱で水を温めるソーラーコレクター。一軒家や、2軒続きの建物の場合、居住面積の4％の大きさのソーラーコレクターをつける必要がある。すなわち100㎡の住居の場合、4㎡のソーラーコレクターを設置しなければならない。住居が3軒以上入っている建物の場合は3％でよい。ソーラーコレクターという形でなく別の方法で太陽光を利用する場合は、消費量の15％をそれでまかなう必要がある。地熱や空気熱を利用する場合は50％である。ヒートポンプを使うのもひとつの手である。ヒートポンプとは、ガスやオイル、電力などのエネルギーを投入し、水や空気、地中の熱、排熱などからより多くの熱エネルギーを取り出す技術で、冷暖房や給湯をはじめ、冷蔵庫などの冷却に使われる。燃料を燃やすだけの暖房よりも省エネとなる。

バイオマスは固体（ペレットや木材など）または液体（バイオオイルなど）の場合は50％、気体（ガスなど）の場合は30％をまかなうことが決められている。1種類だけでなく、ソーラーコレクターとペレット暖房など複数を組み合わせることも可能だ。

ドイツの家庭や事業所で使われているオイルやガスによる暖房設備の7割以上が、製造15年を過ぎているという。古い技術のため、効率が悪くCO_2の排出も多い。ドイツのCO_2排出量の4割は暖房によるため、暖房エネルギーに再生可能エネルギーを利用することは気候保護に大きくつながる。当初は既存の建物にも、再生可能エネルギーによる熱の利用を義務付ける案があったが、見送られた。その分、毎年60万の暖房設備交換の補助金が用意されている。

上記にあげた再生可能エネルギー源の代わりに、コジェネレーションを使うこともできる。コジェネレーションとは、ガスや灯油、ペレットなどを燃料にモーターを回して発電する装置であり、合わせて排熱を暖房や給湯に利用する。電力と熱を同時に生むことから、冬場は8割以上のエネルギー利用率が見込めるため、燃料が天然ガスや普通のオイルであっても再生可能エネルギーの代替として認知されている。

コジェネレーションを利用する場合、熱の50％をそれでまかなわなければならない。排出する空気を利用する場合も50％となる。また断熱をするなどして、通常の基準よりも建物の断熱性を15％高めると、再生可能エネルギーを利用しなくてもいいことになっている。

column1

子どものときから省エネを身近に感じる教育

ちょっとした工夫で電気料金を1割減らすことは可能だという。ハノーファー市では1994年から学校で省エネ活動を推進している。「校内エネルギーマネジメントグループ」というプロジェクトで、初年度に14校が参加したのをはじめ、これまで約100の学校が参加した。子どもたちがエネルギーや気候保護について考え、学校内の省エネを進めようというものだ。重要なのは、生徒、用務員、教員が参加して、省エネチームを結成すること。省エネをどのように実現するか、実施方法から考えていく。

方法が決まったら、電力測定器を持って校内を回り、専門家と一緒にどの場所でどのようにエネルギーが使われているのか確認し、省エネできる場所を特定する。授業で「再生可能エネルギー」や「暖房」といったテーマを取り上げるほか、「どうすれば人は省エネ行動をとるか」も考える。技術的なことだけでなく、いかに周囲の人を巻き込んでいくかという社会的能力も問われる。

活動内容を記録して市に提出すると、学校の生徒1人あたり2ユーロが報奨金として毎年支給される。使い道は学校にまかされているため、省エネランプや熱調整器の購入など省エネ推進のために投資する学校もあれば、サッカーボールを買ったり、中庭に遊具を設置するなど、子どもが喜ぶことに使うところもある。

この活動により毎年平均、熱の8%、電力の9%が削減され、65万ユーロが節約されている。CO_2は2300トン減となった。定期的に教師や用務員に研修が施され、

ソーラーキットで、ラジオやランプをつけてみよう

学校間の意見交換も行われている。節減により市の財政が助かるだけでなく、子どものころから省エネについて実践する習慣づけができる。子どもが夢中になると、家庭でも親に省エネするよう働きかけるため、効果は計り知れない。

幼稚園でも同様な取り組みがなされているが、主に保育士や調理師が対象。研修を受け、どのように暖房や電力、調理ガスを節約できるか考える。子どもたちにも「最後の人は電気を消そうね」「暖房中は扉を閉めよう」など、できることは教えていく。参加した園には、同じく園児1人あたり2ユーロの報奨金が支給される。

また、クラブ活動でエネルギーについて学んでいる学校もある。ハノーファー市内のミュールンベルク統合学校の「キッズのためのサイエンス」クラブで、約30人が所属している。数年かけて園児や小学生向けのソーラーキットを開発した。希望する小学校には市電力公社の助成により、無料で10キット配っている。キットにはソーラーパネル3枚と、プロペラ、スイッチ、電球、充電池、ラジオなどがある。ケーブルでソーラーパネルと電球をつなぐと、灯りがつく。同じ数のパネルでも、省エネ電球だと普通の電球よりも明るいことがわかる。遊びながら試すことで、自然に仕組みがわかるとあって、好評を得ている。

2章

エコ建築で電力消費を減らす

2・1

パッシブハウスは未来建築

ハノーファーでは新築の3割がパッシブハウス

パッシブハウスをご存知だろうか。太陽エネルギーや空気中の熱エネルギーを効率的に利用し、熱エネルギーの消費を極力抑える建物のことである。具体的には、160m²の一軒家で暖房エネルギーが1年間で1m²あたり15kWh以下なら、パッシブハウスと認められる。この暖房量を灯油に換算すると約15ℓ分で、既存の建物の消費量の2割に過ぎない。パッシブハウスの住宅は太陽光と熱を取り入れるため、南向きに大きな窓があり、北側の窓は少ない。太陽の光と熱はもちろん、台所やバスルーム、電気機器、さらに人体が発する熱も逃さず利用するため、アクティブな暖房がほとんど必要ない。窓は3重ガラスで、壁や天井、床に断熱材を入れ、熱を逃さない仕組みになっている。基本的に窓は開けず、熱交換器付きの空気調整器を24時間利用する。室内の空気と外気を入れ替えるとき、熱の損失を最小限に抑えるのがポイントである。屋内の気温は年間を通して一定に保たれるが、追加の暖房設備により部屋ごとに温度差をつけることも可能である。

南ドイツのダームシュタットにあるパッシブハウス研究所がパッシブハウスの基準を決めており、家屋はもちろん窓枠や断熱材など建材についても認定している。同研究所は、独立した研究機関で、建設コンセプトや建築素材をはじめ、エネルギー効率のよい建物の開発に取り組んでいる。1990年に初めてデモンストレーション用のパッシブハウスを建てたのを皮切りに、ドイツを中心にヨーロッパに広まっている。

ハノーファーは、ドイツ国内ではハイデルベルク、フランクフルトとならんでパッシブハウスの事例が先進的である。2012年には国際パッシブハウス会議も開かれた。2006年ごろよりハノーファーではパッシブハウスを求める人が増えており、現在では新築の3割はパッシブハウスだという。電気代やガス代が上昇する一方の近年、暖房費が大幅に抑えられるパッシブハウスは人気だ。長年の試行錯誤により建築

パッシブハウスといっても一見普通の家と変わらない

業者や施工業者、プランナーの仕事ぶりは洗練され、窓や換気システムも最良化されている。最近では幼稚園や公共施設、事業所、スーパーをパッシブハウスでつくる試みもされている。ハノーファーの具体例を見ていこう。

1　公共施設をエコ仕様に

小学校もパッシブ改修でコスト削減

北ドイツのハノーファー市には市庁舎や学校、幼稚園、図書館、公民館など約６００の公共施設がある。市は２００７年、原則として新設する公共施設はすべてパッシブハウスにするよう条例を定めた。市気候保護局職員のウテ・ヘーダは「国の新築建物のエネルギー消費制限よりもさらに30％下回る基準を自主的に設けたことになり、市が率先して気候保護に取り組む姿勢を示している」と話す。

消防署など、車庫や倉庫があるためすべてをパッシブハウスとすることが難しい施設については、事務室や更衣室などできる範囲で実施した。新築だけでなく、既存の建物でもエネルギー消費を減らすため、積極的に改装工事を進めている。壁や天井を断熱し、窓を３重ガラスにし、再生可能エネルギーを利用し、コジェネレーションや地域暖房の利用を進めてきた。改装工事費に２００７年から２０１１年まで２億６３００万ユーロ、２０１２年から２０１５年まで２億４千万ユーロを見込んでいる。断熱工事により最大８割まで暖房費を節約できるとあって、長期的に見てコスト削減となる。

これまでハノーファー市にある52の小学校のうち25校を、エネルギー効率のよい建物に改装した。ドイツでは小学校から高校まで学校は昼ごろ終わり、昼食は自宅でとるのが一般的だが、最近は希望すれば夕方まで学校にいられる全日校が増えてきた。校舎を使用する時間が長ければ、電力や暖房コストがかさむし、給食を出す食堂も必要になる。エネルギーコストの抑制は必須だ。

ちなみにドイツでは幼稚園と保育園の区別はない。３歳から幼稚園に行くのが一般的で、３歳から６歳の混合クラスが主だ。園によっては３歳以下のクラスを用意しているところもあるが、不足していた。そのため待機児童ゼロを目指し、ドイツでは２０１３年８月より、希望する１歳以上の子どもはすべて幼稚園に入れるよう法改正した。ハノーファー市も急ピッチで幼稚園を整備。同年に８つの幼稚園が新たにオープンしたが、すべてパッシブハウスだった。

子どもたちが伸び伸び育つ幼稚園

モダンな外観に、大きな窓。子どもたちが元気に走り回る声が聞こえる。２００９年に完成したハノーファー市内２園目のパッシブハウス幼稚園リックリンゲンは、生後２ヶ月から３歳のクラスが２つ（計24

人）、3歳から6歳の混合クラスが２つ（計50人）、小学生用の学童保育がひとつあり、合わせて約１００人の子どもが利用している。既存の幼稚園と違い、教室のほか、アトリエ室、工作室、実験室、読書室など目的に特化したスペースも用意している。学童保育の部屋では、12時ごろ小学校から子どもたちが来て昼食を取り、午後4時ごろまで滞在する。

同園は約１１００m²の土地に、床面積６４０m²の２階建てとなっている。建物は西と南に棟が続くL字型になっており、南に窓を大きく取り、太陽光を取り込んでいる。壁は40㎝、天井は28㎝、床は40㎝の厚さで、気密性が高い。建物の外壁には、色鮮やかな繊維セメント板が張られている。窓ガラスは、もちろん3重ガラスである。屋根に10度の傾斜がついており、ミネラルウールの断熱材と繊維強化セメント波板で覆われている。土台の発泡ガラス砂利は、断熱の役割も果たす。

パッシブハウスには空気交換器が欠かせない。各部屋の天井近くの壁に設置した丸い穴より新鮮な空気が入り、細長い

パッシブハウスの幼稚園。北側は窓が少なめ

口から吸い込んでいる。空気交換器により、熱の約9割を保持したまま新しい空気と入れ替えることができる。パッシブハウスは窓を開けないようにいわれるが、市建築課職員のシュタペルホーストによると「新鮮な空気や自然を感じたいというのは当たり前のこと。窓は開けてもかまわない」とのこと。夏場は暑くなるため、早朝に開け放してひんやりした空気を取り入れ、昼間は閉めておくという。窓の外側に設置された遮光ブラインドを下げ、園庭の広葉樹はまだ小さく十分影を落とさないため、中庭に日よけを張っている。

パッシブハウスは太陽や人体、電気器具などからの熱を最大限利用することで、暖房エネルギーの消費を抑えるのだが、幼稚園は普通の住宅と違い、夜と週末は誰もいない。同園では空気調整器に暖房を併設したが、暖かくなるのに時間がかかるのが難点だった。外の気温がマイナスとなる冬の月曜日の朝、園舎は冷えきっている。湯を循環させて部屋を暖める通常の形の暖房は食堂とバスルームにしかなく、教室にいる

南西側に大きな窓がある

子どもたちは寒さに震えることもたびたびあり、暖房を後付けした。ペトラ・プロッツ園長は「最初は試行錯誤の連続で、慣れるのに時間がかかった。けれどいったん慣れると、空気はきれいだし、窓が大きく子どもたちも気に入っている。何より暖房費が抑えられる」と満足している。

2013年に市内で新たにオープンした8つの幼稚園では、これまでの経験から各部屋に一般家庭と同じように温水によるセントラルヒーティング設備をつけた。パッシブハウスの効果を検証するため、モニタリングをしているが、結果は上々とのこと。現在はハノーファー市内と周辺市町村で計11の幼稚園がパッシブハウスである。耐久性は既存の建物と変わらず、50〜60年は持つという。

2　廃校がエコ改修で新しい形のコミュニティに

快適なマイホームを求めて住民有志で改修プロジェクト

ハノーファー中央駅より3駅南にいったところに、1960年代に建設された元盲学校がある。2011年にパッシブハウスに準じた基準に改装され、現在15の住居と3つの事務所、市の図書館が入っている。古い建物の場合パッシブハウスにするのは難しいが、それに準じたものに改造することはできる。人口減少が進む中、廃校を再利用する好例であり、かつ隣人と顔の見えるつきあいができる住み方として注目を浴びている。

この建物は1990年に市の文化財に指定されている。中庭を囲んで、教室や体育館など赤レンガと白タイルの建物からなる。街中心部まで徒歩15分という立地のよさにも関わらず、静かで落ち着いた住宅地である。周囲は50年代に建てられたアパートに囲まれ、その間に芝生が広がる。

盲学校は2005年に閉鎖され、建物をどのように活用するか議論されてきた。そのうち住居にする案が浮上し、2009年に有志5人が集まってプロジェクトを発足させた。住みたい人を募り、2週間に一度3、4時間の会合を開き、とことん議論した。総計50人以上が参加したという。その中で入居者を選びつつ、住居のコンセプトをみんなで固めていった。「多数決という方法はとらなかった。いつもお互いが納得できるまで話し合い、合意という形で決めていった」と入居者のひとりは語る。

盲学校が住居に。右は元体育館、正面は元教室だった建物

市の気候保護を推進するプロクリマの支援を得て、せっかく改造するならエネルギー効率のよい住まいにしようと決めた。プロのコンサルタントがエネルギーアドバイザーとなり、省エネコンセプトの策定や法的書類の作成、工事中の品質チェックなどを計画段階から完成までサポートした。

難関は、学校が市文化財であることだった。外観を大きく変えることは禁止されており、もともとの趣を残した上で、改装しなければばならない。外側の改造は最低限に抑え、内部を近代的にやり直し、長屋形式の住居が4軒、元教室を利用したアパートが11軒、オフィスが3つ、そして市図書館ができた。住居の広さは57～160㎡とまちまちで、一部の住居はバリアフリーになっている。窓は3重ガラスとし、壁や天井にはミネラルウールの断熱材を入れた。

足りないものは何もない

ここに入居しているクルブツ一家は、元体育館だった建物

外側の改装は最低限に抑えている

に住んでいる。3階建てで、4軒が長屋形式に連なる。建物は西向きのため、西側に大きな窓を設け、太陽の光を取り込むようにした。本来パッシブハウスは南側に大きな窓を設けるのが基本だが、西向きでも一定の効果が得られる。元体育館で天井が高いため、1階と2階に区切った。西側は外に格子状の木枠を当時のまま残し、その内側を幅1mのベランダとし、さらにその内側にガラス戸をつけた。鉄筋コンクリートの柱で支えている。

台所は元マット置き場で、北東に位置する。1階の部屋は地上より低くなるが、西側の土地を掘り下げているため、庭に面している。居住空間は114m^2で、ベランダが3m^2ほど。長さ16m、幅4mと家自体は細長いが、入ってみると違和感はない。とても居心地のよい空間である。別途、地下に広さ30m^2の物置があり、これは昔のシャワー室だったところを改造した。

「足りないものは何もない。願ったとおりの住環境で、とても満足している。特に素晴らしいのは、建物と庭のすべてがこの共同体のみんなに属していること。家族連れから年配者までいろんな人が住んで

クルブツ家の居間

気密性の高い窓枠

おり、大家族のようなつきあいができる」とクルブツさんはいう。庭は家の周囲3mのみ個人の所有で、残りは共同スペースとなる。地下は各人の物置以外はすべて共有となり、空いている部屋がいくつもある。地下といっても半地下で窓があるため明るい。「ここをどう活用するのか、考えるだけで楽しい。パーティーやイベント用の部屋にしたり、アトリエや工作室にしようという案がある」と話し、みんなで壁を塗り替えたり、扉を修理したりしている。すでに大きなテーブルと椅子が置いてある部屋もあり、住人たちの交流の場となっている。

教室だった建物の2階にあるノイハウス家のアパートは56m²である。玄関を入ると左がキッチンで、正面に食卓、奥にソファのある居間になっている。居間の左が寝室でその横がバスルーム。廊下はなく、居間、寝室、バスルーム、キッチンと反時計回りに続く。コンパクトで機能的である。南向きのため、暖房はほとんど必要ない。バスルームの横の小さな

元体育館を改造し西側に大きな窓をとっている

空間に洗濯機と空気交換器が収められている。パッシブハウスは基本的に窓は開けずに、空気交換器で換気するため、花粉症のノイハウスさんにはもってこい。「フィルターをつけているので花粉はいっさい入ってこない。これまで悩まされていた花粉症から解放された」と満足顔だ。フィルターは半年に一回交換する。

本来文化財の建物の外観を変更することは許されないが、南側は中庭に面しているため、ベランダをつけることが特別に許可された。ただし、白や透明は禁止。後からつけたことが一目でわかるように色鮮やかなものでなければならない。住人たちは赤、青、黄色などさまざまな色を実際に窓のところに掲げ、みなで議論した結果、少し緑がかった黄色に決めた。「最初は違和感があったが、慣れてみるといい感じ。制約がなければ無難な白になっていただろうから、かえってよかった」と喜んでいる。

住宅はどれも1㎡あたり、改造費や登記料などすべて込み

ノイハウス家の室内からベランダをみたところ

で2600ユーロだった。つまりノイハウス家の価格は14万5600ユーロ。しかしこれで自分専用の地下室が別途あり、共同スペースや庭も使う権利がある。市街地に近く、広い庭付きという物件はハノーファーでもなかなかない。ちなみにノイハウス家では、給湯と暖房ためのガス代は1年間で438ユーロ（約5万7千円）だった。ドイツの一般家庭では月100〜150ユーロとなるため、格安である。

暖房いらずの快適環境

11月のある日、外気温は11度だったが、外気は交換器により20度にしてから部屋の中に送り込まれる。22度の部屋の空気は13度にして外に放出されるため、その差9度の熱は、11度の空気を20度にするために使われる。つまり本来ならガスや灯油を燃やして暖房することで空気を9度暖めるが、空気交換器で外気と室内の空気の熱をやりとりするため、交換器を動かす電気代だけですむのである。さらに室内の電灯や調理、コンピュータをはじめ、人の放出する熱を逃がさず利用するので、熱の再利用率は90％であり、暖房をする必要がほとんどない。もし必要となれば、地域暖房を利用できる。地域暖房とは、発電所で生まれた排熱を湯として地下パイプなどを通して近隣の住居や施設に供給することで、ドイツではよく見られる。

一方、夏の暑いときは、ブラインドを下ろして遮光しなければ、室温は上がりっぱなしになる。パッシブハウスは南や西に大きな窓があるため、天候にあわせて遮光が必要である。適切な遮光が必要なため、通常の建物より手間がかかるかもしれないが、その分冷暖房費は大幅に節約できる。

このプロジェクトを担当した専門家は「車を買うとき、車の環境負荷について考える人はどのくらいいるだろうか。スポーツカーを買うとき、乗り心地やスピード感を重視しても、燃費や環境負荷は後回しにされがちだ。住居についてもずっとそうだった。寒いから暖房は必要だし、暗いと困るから明かりをつける。それが省エネハウスやパッシブハウスの出現で徐々に変わりつつある。家はエネルギーを消費し、家計と地球に影響を及ぼしていると多くの人に知ってほしい」と話し、マイホーム購入の際、重要な指針のひとつであると指摘する。

2・2

エネルギー消費を抑えた住宅地開発

1　欧州最大のゼロエミッション住宅地——ゼロ・エ・パーク

自治体が決めた建築条件

ハノーファーでも特に知られているのが、欧州最大の新興住宅地「ゼロ・エ・パーク（zero:e park）」だろう。市南東部のヴェットヴェルゲン地区に位置し、3区画計330世帯をすべてパッシブハウスとして現在建設中だ。市がパッシブハウスを建築することを条件に、プロバイダーに土地を売却し、実現した。

ゼロ・エ・パークの住宅は、一戸建が主だが、隣家と壁を共有する長屋式の住居も一部ある。

上：建設中のゼロ・エ・パーク
下：ゼロ・エ・パークにて、長屋形式のパッシブハウス

家主が自分の好きな業者や建築家を選んで建てるのだが、パッシブハウス仕様の家でなければならない。

すでに2011年に建設が始まった第1区画59軒には、ほとんどが入居を済ませた。現在は2012年秋に始まった第2区画で、入居が始まっている。断熱材など初期投資は高くつくが、暖房費が既存の建物より最大8割節約できるため、特に家族連れに人気が高い。2013年に公募があった第3区画は発売開始数時間で完売したという。土地を購入してから2年以内に建設、3年以内に入居しなければならない。家の大きさはさまざまだが、平均約160㎡となっている。

ゼロ・エ・パークはパッシブハウスであるだけでなく、住宅地内全体で環境に配慮したさまざまな取り組みがなされている。

・街灯はすべてLEDランプで、電力消費を抑えている。
・太陽熱を最大限に利用するため、家の南側に影がかからないよう、隣家との間隔が定められている。
・雨水は直接下水道に流れ込むのではなく、自然に地面に浸み込むよう各所に溝がつくられ、ため池に集められる。
・ガレージなどの建物が道ぎりぎりに接する場合、蔓《つる》など壁に這う植物を植えるなど緑化が義務付けられている。

また、ソーラー発電パネルや太陽光温水器を屋根に載せている家もある。隣接地域に流水型の小型水力発電所をつくり、ゼロ・エ・パークで必要な電力をまかなおうという計画も進んでいる。

パッシブハウスは余計な熱を逃がさないように、本来なら球の形が理想的である。しかしそのような家は建てられないので、サイコロ型の正立方体が理想的となる。それでもゼロ・エ・パークを歩いているとさまざまな形の家があることがわかる。南側の壁の凸凹は少なければ少ないほど効率的だが、一般の住宅のように出窓があったり屋根が三角であっても、暖房エネルギーが少なければパッシブハウスの基準を満たしている。

ちょうどマイホームを建築中の人に、なぜパッシブハウスを建てるのか聞いてみた。答えは「便がいいので、ここに住みたいと思って土地を購入したら、パッシブハウスを建てなければいけないといわれた」との返事。自らパッシブハウスを選んだわけではない。しかしハノーファー市がパッシブハウスの建築を決め、それによって市民がパッシブハウスを建てるのなら、それでいいではないか。自治体が主導となって枠組みを定め、エコロジカルな建物を実践していく。その顕著たる例である。ハノーファーは住宅地として特に人気があるので、このような条件をつけても十分買い手がある。

住人のひとりは「以前賃貸でパッシブハウスに住んだとき、換気や遮光などをしなければならず、最初は面倒に思ったが、慣れたら住み心地のよさがくせになった。何より暖房コストが抑えられるのがいい。賃貸契約が切れるのを機に、自分で建てることにした」と、喜んでいる。

見かけは普通だが中身は優れたパッシブハウススーパー

ゼロ・エ・パークにドイツ初のパッシブハウスのスーパーマーケット「レーベ」がある。２０１２年12月にオープンし、パッシブハウスのスーパー第1号として２０１４年認定を受けた。小売業界での省エネへの試みは目新しく、他のスーパーの見本となっている。

スーパーは通常、エネルギー消費の６割が冷蔵や冷凍、２割が電灯に消費されるなど一般住宅とエネルギー消費の構造が違う。そのためパッシブハウスのスーパーはどうあるべきか、ハノーファー市の気候保護基金プロクリマとパッシブハウス研究所が協力して試行錯誤を重ねた。

同スーパーは広さ１３００㎡の平屋で、売り場は広々としている。冷蔵庫は個々のケースごとでなく、集中冷却システムを使っている。ハムやチーズなど冷蔵棚は3重ガラスの扉をつけ、冷気を逃さないようにした。生鮮食品売り場では水蒸気を送って野菜や果物を冷却。クーラーよりずっと省エネとなる。

冬場は冷蔵庫の排熱を入り口やレジ近辺に送り、暖房としている。効率的な断熱材を使い、建物の気密性が高いため、外気がマイナス7度になるまでは暖房はいらないというから驚きだ。１㎡あたりの年間暖房エネルギーは12㎾hに過ぎない。通常のパッシブハウスは15㎾hだが、それ以下である。

電灯は主にＬＥＤを使用しているため、１㎡あたりの灯りは平均12・５Ｗとなった。既存のスーパーに比べて電灯の消費電力は約半分である。しかしすべての場所でＬＥＤを使っているわけではない。ＬＥＤ

は赤外線をカットしているため肉が赤く見えないなど、商品によっては売り上げに影響する。直射日光は生鮮食品には大敵のため、入り口とレジ周辺でのみ天井からの自然光を取り入れた。3時間ごとの天候を予測し、室内や冷蔵室の温度管理に利用している。このような多角的な取り組みにより、既存のスーパーよりエネルギー消費を3割減、CO_2排出も同じく3割減らした。また、必要な電力は再生可能エネルギーを購入している。

外観と内壁は再生可能な素材である木材を使っており、エコロジカルな雰囲気が漂う。何よりパッシブハウスだとは気が付かない。快適なスーパーとして、地元の人に親しまれている。

省エネを目指すのは、レーベの持続可能戦略の一つである。レーベは全国チェーンのスーパーだが、産地や栽培方法を大事にした品揃えで、持続可能なスーパーを目指している。1993年よりオーガニックの商品を販売しているほか、20

ドイツ初、パッシブハウスのスーパーマーケット「レーベ」

07年よりフェアトレードの品物も扱っている。

2　欧州初。3千戸規模の低エネルギー住宅地――クロンスベルク

時代を先取りした「クロンスベルク基準」

ハノーファー市内南部に位置するクロンスベルク住宅地には、低エネルギーの住居が約3200戸ある。持続可能な開発をめざすアジェンダ21の概念を体現しようと、ハノーファー市が開発したもので、2000年に市内で開かれた世界万国博覧会がきっかけだった。万博のテーマは「人間―自然―技術」で、市はそれに関連してさまざまなプロジェクトを実施。万博会場そばに位置するクロンスベルク地区もそのひとつで、もともと農地だったところをヨーロッパ最大のエコなモデル住宅地に開発した。このように大規模地域を低エネルギー基準で統一したのはドイツ初で、ハノーファー発「クロンスベルク基準」は、野心的な取り組みとして全国的に知られるようになった。

クロンスベルクは市中心地から南へ約10㎞行ったところに位置する。10分間隔で路面電車が走

上：クロンスベルク中心に位置する広場
下：水が地下にゆっくり浸み込むよう工夫している

HEYERS

り、市中心部まで約20分で到着する。各住居から路面電車の駅までの平均距離は350mと便がいい。市は1992年から開発計画を進め、1997年より建設工事を開始。

一戸建をはじめ隣家と壁が接している長屋形式、集合住宅などさまざまである。入居者を募集し、2000年に3千戸が完成した。1割が個人所有で、残りは賃貸である。生活保護受給者を対象とした社会的弱者用の建物もある。最新技術を駆使した新築の建物が、生活保護をもらっている人たちの住まいになるところがドイツらしい。その後も住居は増え、現在は3200の住居に約6600人が住んでおり、学校や幼稚園、商店街、公民館、図書館も揃いコミュニティができている。

計画の段階から、補助金がなくても経済性に見合うよう配慮されていた。暖房エネルギーは1m²あたり1年に55kWh以下に抑えることを目標にした。これは当時、新築の建物の基準の30%に過ぎず、専門家の注目を集めた。さらに低エネルギーというだけでなく、エコロジカルな建築用材を使用し、再生可能エネルギーを導入した。当時はまだ珍しかったパッシブハウス建築も一部あるほか、熱エネルギーを蓄える施設もつくった。雨水が自然に地中に浸み込む構造を心がけるなど、エネルギー関連だけでなく、環境に負荷をかけない工夫がみられる。一部の家屋は完成後モニタリングをし、研究対象となっている。

念入りなチェックで、質の高い住宅を実現

クロンスベルクの開発にあたり、品質保証について、市はエキスポ2000ハノーファー社と欧州委員

会から補助金を受けることになった。品質保証を実施することで、確実に居住者に対して低エネルギー住宅の質を保証することができる。

低エネルギー住宅を建築するには、その住宅の建て方が基準を満たすのかチェックする必要があり、また机上で決められたことが確実に実践されるかどうか確認する必要がある。手抜き工事によるリスクを抑えるためであり、その手間に補助金を出そうというものである。ヒートブリッジの最小化もそのひとつである。ヒートブリッジとは、鉄骨の柱など熱の伝わりやすい建築用材から熱が逃げたり、入ってきたりすること。壁を厚くしても各素材の熱伝導率にあう対策をしなければロスが出る。コンセントの取り付け口の回りをしっかりふさぐことも大事だ。加えて、給湯器から洗濯機と食器洗浄機への接続口を別途つける場合も補助金が出される。洗濯機と食器洗浄機が電力で湯をつくるよりも、給湯器からの湯を利用して洗う方が省エネだからである。

品質保証のおかげで、年間4750MWhエネルギーが節約されたという。これは一戸建400戸分にあたる。品質保証にかかった費用は、住居の大きさによるが、1㎡あたり4～8ユーロだった。補助金なしでも採算が取れる額である。実際にアドバイスにあたったエネルギー専門家のひとりは「施工者にも住民にも、まず低エネルギーとは何かということから説明しなければならなかった。低エネルギー住宅の利点を理解してもらい、それに適した建設方法をするよう注意を払った」と、当時を振りかえる。

実践的な省エネプログラム

１９９８年ハノーファー市議会は、２００１年６月まで有効の省エネルギープログラムを可決した。これに基づき、クロンスベルクの省エネルギープログラムはCO_2削減目標60％のうち13％をカバーすることを目的に、以下の３つの柱で実施された。

・各世帯に省エネ電球を５つと節水エアレーターを２つ配布する。電球は30種類のモデルから選ぶことができる。

・省エネ型の電気製品を新規購入する際に補助金を出す。特に洗濯機と食器洗浄機用のお湯の接続口を別途設置したり、省エネの冷蔵庫や冷凍庫購入にはそれぞれ50ユーロを補助した。

・専門家が省エネ相談にのる。

その結果、洗濯機77台、食器洗浄機１０６台、冷蔵庫56台、冷凍庫66台に補助金が支給され、５６１５個の省エネ電球が無料配布された。加えて約60％の世帯が洗濯機に、75％が食器洗浄機に別途お湯の接続口を取り付けた。

エコロジカルな暖房を実現するために

クロンスベルク地区の開発段階で、全体の暖房をどうするかについて、専門家により19の可能性が検討された。ドイツでは日本のように各家庭がこたつや石油ストーブなど個々の電気製品を用意するのではなく、建物全体を暖めるセントラルヒーティングが一般的である。①ガスによるコジェネレーション、②木片を活用したバイオマスによる集中暖房、③太陽光や風力を利用する、という3つの方法を検討した結果、ガスによるコジェネレーションで熱と電力を生み出し、熱は地域暖房として地下の配管で各戸に送るのが最適との結論に達した。それを受けて市は1995年「地域暖房条例」を定め、クロンスベルク地区で地域暖房の利用を義務付けた。

1996年に市はヨーロッパ地域で施工業者を募集。7社が名乗り出た。その結果、全体の5分の4をハノーファー電力公社、残りを中堅のゲテック社が引き受けることになった。どちらも今後20年間、暖房費は固定価格で設定し、市場の変動に合わせてのみ調整可能とした。地域暖房により市は23％のエネルギー効率化を目標とした。

ハノーファー電力公社は24万m²の地域と、この中にある2300戸、ゲテック社は742戸と幼稚園と小学校を担当することになった。それぞれボイラーとコジェネレーションを使用し、ハノーファー電力公社は電力1250kWと熱1万1700kW、ゲテック社は電力220kWと熱3740kWの容量を誇る。19

98年から一部入居が始まったが、当初は年間1㎡あたりの暖房エネルギーを55kWh以下に抑えるのが難しかった。しかし3年目の冬には住民も慣れてきたのか基準に近くなり、現在は前述のとおり45kWhとなっている。

当時の市長ハーベルト・シュマールシュティークは「この住宅地は、エネルギーコストの削減や気候保護への貢献はもちろんのこと、人々に住みやすい棲家を提供することになった。都会を嫌って田舎暮らしを求める風潮があるが、このような住宅地があれば人々は市内に留まるだろう。路面電車などエコロジカルな交通網と、質の高い公共空間の利用、職住近接で多くの人をハノーファー市内に呼び込むことができた」と話し、大きな成果だと位置づけている。

column 2

時代を先取りした省エネモデルハウス

将来のエネルギー効率のよい住宅とはどのような形になっているのだろうか。住み心地はどうだろうか。最新技術を駆使したベルリンのモデルハウス「プラスエネルギー効率住宅」に、２０１２年３月から２０１３年５月まで一般の４人家族が実験的に住み、未来型住宅の住み心地を体験した。

これはドイツ連邦交通建設都市開発省のもと開発された。エネルギー消費の少ない「低エネルギーハウス」や、太陽熱など外からのエネルギーを利用する「パッシブハウス」よりも一歩進んだ「プラスエネルギー効率住宅」であり、エネルギーの使用量よりも発電量の方が多いのが特徴である。エネルギー効率を追求し、再生可能エネルギーで発電し、断熱された壁を使うなど先進的な省エネ技術を取り入れた。発電する１万６千kWhのうち、消費は１万程度で、余剰分は買い取られた。この建物は同省のコンクールで優勝したコンセプトを元にしており、建物自体もリサイクル可能な素材でできている。お披露目式典にはメルケル首相も参加し、ドイツがいかにこの分野に力を入れているかを内外に示した。

このモデルハウスは、２階建ての庭付きの家で、床面積は１３０㎡。ベルリン市内中心部に位置しているが、家族のプライバシーを守るために外から家の中が見えないよう、道路側に窓をつけていない。住むことになったのは公募で選ばれた家族で、環境研究所に勤める父親、美術ギャラリーに勤める母親と２人の娘（当時８歳と11歳）の４人家族だった。１年３ヶ月間にわたって住み、実際の生活の中で技術がどの

国を挙げて最新技術を総括した「プラスエネルギー効率住宅」

ように活用されているか、改善の余地はあるかをはじめ、住人の意識や行動様式が消費にどのような影響を与えるかなど心理的、人間社会科学的な要素も研究対象となった。送電網の安定性やエネルギーマネジメントも考慮した。

実験期間中は、天気予報をもとに効率的な太陽光発電の利用を促す研究がされた。外壁と屋上には太陽光発電装置があって発電しているほか、地熱発電装置も備えた。屋内外の気温や湿度を常時測定し、断熱材の効果を分析した。

発電状況について2012年3月から2013年2月までの1年間測定した結果、太陽光発電は計算上よりも20%少なかった。この年は通常より40%日照時間が短かったことが原因だった。電力消費は計算より75%も高かったが、暖房装置が非効率であったことと、空気調整器が必要に応じて制御する形でなかったこと、家庭での電力消費自体が比較的多かったことによる。

この居住体験では電気自動車が供給され、モニタリングがなされた。ドイツは電気自動車を推進しているが、思ったよりも台数は増えていない。フォルクスワーゲン、アウディ、BMW、ダイムラー、オーペルの各社がそれぞれ3ヶ月ずつ、車を提供した。電気自動車は従来のガソリン車よりも走行距離が短く、速度が出ない、充電に時間がかかるなどの課題がある。生活のさまざまな場面で実際に使用することで、利点と欠点を探った。電気自転車も2台支給された。なお、電気自動車に必要な電力の25%は太陽光発電の余剰電力でまかなうことができている。

3章

再生可能エネルギーは未来産業

3・1 市民が主体的に組織をつくる

1 エネルギー協同組合大国ドイツ

ドイツではエネルギー協同組合という形態で再生エネルギーに関わっている人々が増えている。エネルギー協同組合とは、組合員が出資し、一緒に発電設備を建設運営するもの。市民グループなど一般市民が集まって結成することが多く、エネルギー分野の市民参加として人気がある。自ら望む形でプロジェクトを進めることができ、少額から参加できるのが特徴だ。

もともとドイツでは１００年以上前から、送電線や地域暖房を市民組合が運営してきた歴史がある。その意味でもエネルギー協同組合は受け入れられやすかった。地域に根ざし、自分の金がエコロジカルで意義のあることに使われるため人気がある。固定買い取り価格制度（ＦＩＴ制）により、確実に採算が取れることも重要だ。

全ドイツで９００、増え続ける組合

ドイツの再生可能エネルギーは、市民参加が多いことが特徴であるが、特にエネルギー協同組合に関わる9割が一般市民である国は他にない。エネルギー革命の実現に、エネルギー協同組合、すなわち市民が重要な役割を果たしている。これまでの一極集中型ではなく、小型分散型の発電となるため、地域社会や地域経済に影響を及ぼすだけでなく、自治体の環境政策にも寄与できる。また、地元の再生可能エネルギープロジェクトについて、一般市民の理解を深めることになる。組合の９割は電力の供給や小売を手がけるが、地域暖房など熱供給をしている組合もある。

多くの組合では、会員は出資額に関わらず1票を持ち、同等なパートナーとして民主主義的に物事を決める。地元住民が多いなど、地域に根ざしているのも特徴だ。自治体や公共施設、地元の銀行と提携している例も少なくない。幼稚園や学校の屋根にソーラーパネルを設置し、地元企業が設置やメンテナンスを請け負うという構造である。多くの人の目に付く場所に設置することで啓蒙の効果があるとともに、発電の仕組みなどについて学校の教材に利用したり、多角的な効果がある。

ドイツ組合ライフアイゼン連盟の調査によると２０１４年、ドイツ全国で９７３のエネルギー協同組合があり、前年より85増えている。新規に結成された組合の数は、２００6年は8だったが、倍々に増え、

２００９年には94、２０１０年は１１１、そして２０１１年は１６７だった。

小規模に始める

結成時の会員数は20人以下のケースが半数を占め、１００人以上は９％となっている。会員数の平均は42人である。人数が少ない方が、規約など最初の約束事を決めやすいからだろう。しかし結成後、会員数は平均４倍に増えており、中には７千人を超える組合もある。全体の６割は50人から２００人の会員数となっている。

会員の92％は市民で、３％が農家、３％が企業や銀行、２％が自治体や公共団体となっている。組合の３分の２は５００ユーロ以下が１口となっており、中には10ユーロから参加できるところもある。学校などで生徒や親が参加するケースもよく見られ、額が低いと参加しやすい。１口あたりの金額設定は平均６９２ユーロだが、実際の出資額は１人あたり平均３１２５ユーロで、１千～３千ユーロを出資している人が４割を占める。

２０００年に始まった固定価格での買い取り制度（ＦＩＴ制）は、改正により転機を迎えている。保証された買い取り価格が下がる一方の昨今、自分たちで直接販売する方法を考える組合は約半数に上る。買い取り価格が下がり、一般の電気料金が上がれば、自家消費した方が得というもの。自分たちで販売する場合、地元の電力公社の協力を得るのもよいだろう。ほとんどの電力公社は再生可能エネルギーのみを供給するプログラムを用意している。地元で生まれた電力を、市民に直接届けられる意義は大きい。

例えば南ドイツの黒い森に位置する人口1万2千人のティティゼー・ノイシュタット市はそのひとつ。自分たちの手に電力を取り戻そうと、市民有志が「エネルギー供給ティティゼー・ノイシュタット（ＥＶＴＮ）」を設立し、シェーナウ電力会社の協力を得て２０１２年5月から電力供給を始めた。

組合制による出資で、１口５００ユーロ、最大１人10口まで出資が可能。大出資者をつくらないため、あえて１人10口までとした。６割がＥＶＴＮ、３割がシェーナウ電力会社の保有で、残り10％は組合員でない一般市民の参加とした。これまで同市には別の既存の電力会社が供給してきたが、20年の供給契約が２０１１年末で切れることを受け、新たにＥＶＴＮが名乗りを上げた。市議会は両社を比較し、環境に配慮したコンセプトなどからＥＶＴＮに決定した。

エネルギー協同組合のポリシーが、市と一致した好例である。

組合をつくるメリットは何か

組合結成の大きな利点のひとつに、エネルギーについて自分たちの理念を反映できるということがある。北ドイツのあるエネルギー協同組合は、太陽光発電により生まれた電力を動物園や市庁舎に提供している。ソーラーパネルは安い中国製ではなく、あえてドイツ製を購入した。それにより電力は１kWhあたり数セント高くなったが、会員のひとりは「それでいい。組合は企業とは違う。利益優先ではなく、地域に付加価値を与える活動が可能だ。安い電力をつくるのが目的ではなく、持続可能な地域社会を実現することが目的なのだから」と語る。

エネルギーという生活の重大事項において、発電と消費に責任を持つことになる。計画の段階から関わると、電力について意識的になるとともに、経済的なメリットを受けることができる。地域に根ざしているため、地域振興に直接寄与できる。地元の環境や資源を生かすとともに、雇用が生まれるなど、いいことづくめである。

ひとつの大手電力会社の電力に頼っていると、事故が起きた場合、市民生活に支障が出る。福島第一原発の事故もその一例である。各地域が発電するようになれば、石油やガスなど限りある資源を巡る争いも必要なくなるだろう。

エネルギー協同組合を長続きさせるには、再生可能エネルギーが優先的に買い取られる仕組みが欠かせない。エネルギー協同組合には市民参加の真髄が詰まっている。自分が意見したり、経済的メリットがあれば、近所に大きな風力発電装置が建設されることに反対しなくなるだろう。主体的に関わることで、新しい道が開ける。また、自分のお金が有意義なことに使われているのも気分がいい。シェーナウ電力会社のウルズラ・スラーデクは「楽しくなければ続かない。無理する必要はない」といっていたが、組合も同じではないだろうか。

2　市民が発電に参加する――レアテ・ゼーンデ・エネルギー協同組合

さまざまな主体により設立

２０１０年12月に、ハノーファー郊外のレアテ市（人口４万人）でレアテ・ゼーンデ・エネルギー協同組合が発足した。持続可能で分散型エネルギー供給のため、市民参加を推進することを目的とし、市議会が主導で始まった組合である。レアテ電力公社やフォルクス銀行、住宅開発業者、レアテ市民参加協会などが設立メンバーに名を連ねた。同市か、隣接するゼーンデ市に居住、あるいは勤務していたり、土地を持っている人は組合員になれる。地元のエネルギーの未来について、市民が関与するシステムを作ったことになる。

フォルクス銀行が法的な部分を担当し、電力公社がソーラーパネルを設置する屋根の手配や設備計画、メンテナンスを請け負っている。その道のプロが関わっているため、組合員は安心だ。最初は64人だった組合員は、

体育館に設置された太陽光発電装置（提供：レアテ・ゼーンデ・エネルギー協同組合）

現在395人に増え、1口500ユーロ、合計で約2000万ユーロを出資している。総会で役員や今後の方針を決定する際、組合員による投票となるが、何口出資しても組合員は平等に1票持つため、レアテ電力公社とフォルクス銀行も他のメンバーと同じく1票となる。

すでに幼稚園や市民体育館、流通センターなどで5つの太陽光発電装置を設置しており、総計約9万㎡、容量3・7MWの設備により、年間350万kWhの電力を生み出している。なるべく目につきやすい公共施設に設置するようにしている。

地産地消のエネルギー

地元のレアテ電力公社は「レアテ自然電力」と称して、組合で生まれた電力を買い取り、顧客に販売している。同社の通常の電力よりも1kWhあたり1・5セント（約2円）ほど高いのは、事務処理に手間がかかるためである。そのうち0・5セントは組合に還元し、新たな再生可能エネルギー源の開発に活用してもらう。つまり市民出資の電力を、市民が買うことができ、それにより新たな電力源が開発されることになる。まさに地産地消である。

将来的には風力パークも計画しており、将来的には高さ130mの大きな風力発電装置を考えている。なぜ風力なのか。それは太陽光発電の買い取り価格が下がっていることと、風力に反対する市民への対策だ。周辺住民に組合員になってもらうことで反対意見を減らしていく。出資して配当が出るとわかると、周辺住民の意見も変わってくる。

組合という形で、市民の協力を得て地元の再生可能エネルギーの可能性を探るとともに、エネルギー村として市のイメージを上げる狙いもある。組合の代表を努めるレアテ電力公社社長ライナー・エバースは「公社で長年やってきた経験から、市民が再生可能エネルギーによる電力供給に興味を持っていることがわかっていた。きれいで環境負荷をかけない発電において、市民は傍観者ではなく実際に関わることが大事だと考えた」と話し、レアテ市長と相談して実現にこぎつけた。市だけでなく、同公社と銀行のイメージアップにつながるなど副次効果もあった。

エネルギー協同組合は自治体や地元企業をパートナーにすると成功しやすい。国の法改正により将来的には自分で販売先を見つける必要があることから、地元で販売先を確保できる利点は大きい。

3　送電線も地域暖房も自分たちで——フェルトハイム

食料もエネルギーも自給自足

ベルリンより南西へ60kmほど行ったところにある人口約130人のフェルトハイムは、エネルギー村として年間3千人が視察に訪れる。風力パークやバイオマス施設など再生可能エネルギーの設備があり、電力と熱を自給している。2010年にはドイツ初のエネルギー自給村として認定を受けたのをはじめ、2014年にはドイツソーラー賞を受賞した。エネルギーシフトは地方からという好例である。

フェルトハイム村は正確には、トロイエンブリーツェン市の一部であり、住民有志が送電線と地域暖房を新たに敷設したのはドイツ広しといえども、ここだけである。

同村の主な産業は農業で、1700haの地域でジャガイモやテンサイなどを栽培しているほか、豚や乳牛を飼育している。冬は氷点下の日が続くため、600頭のメスから生まれる1万2千頭の子豚は、特に暖房を必要とする。

地元では、有志30人が農業共同組合を結成し、2008年にバイオガス装置を建てた。豚と牛の糞尿、トウモロコシ、穀物のくずを原料に、年間約420万kWhの電力、230万kWh分の熱を生み出している。残りかすは肥料となって農地に戻され、エコロジカルな循環システム

フェルトハイムの風力パーク

バイオガス装置

ができている。

厳しい冬にバイオガス装置で暖房がまかなえないときのバックアップとして、木片チップを燃料とする暖房設備も建てた。近隣の木材を原料とし、45㎥の水槽2棟により蓄熱する。両方の設備により熱は飼育小屋はもちろん、地域暖房として村内の一般家庭で利用されている。これらの取り組みにより暖房に使われていた年間16万ℓのオイルと、30万ユーロの節約につながった。

風力パークには、風力発電装置が47基建ち並び、壮観である。総容量は91・1MWで、年間約175kWhを発電している。風車はエネルギークエレ社が1995年に第一基目を建てたのが始まりで、その後、市民出資による風力発電装置が建てられた。

地元の10家族が出資して、フェルトハイムエネルギー株式会社を設立したのもこのころだ。当時は、発電した電力は大手電力会社エーオンの子会社に売られ、人々はその会社から高価で買い戻す形になっていた。「自分たちで作った電力を直接消費したい」と思ったが、それには配電線が必要だ。既存電力会社は配電線の買い取りにもレンタルにも応じなかったため、「それなら自分たちでやろう」と、約30世帯が各3千ユーロを出資し、配電線と地域暖房網を新たに敷設した。暖房網に加わらず、電力だけの世帯は1500ユーロ出資した。電力料金は毎月の基本料金が5・95ユーロで、1kWhあたり16・6セント（2014年）となっており、ドイツの平均29・8セントに比べ半分近くと格安だ。

軍事基地跡を利用したソーラーパーク・ゼルターホフは、同じくエネルギークエレ社により2008年より建設された。現在では年間２７５０MW、すなわち４人家族６００世帯分の電力を生み出している。

村の取り組みを積極的に紹介する

複合的な取り組みにより、フェルトハイムはエネルギー自給村として有名になり、毎年、住民の20倍以上の人が訪れるようになった。村では関係者が「新エネルギーフォーラム」という団体を設立し、村内に情報センターを設置した。センターの中庭には、リパワリングで不要となった古い風力発電装置の回転羽根や中央部の部品が設置されており、迫力満点である。

センターではフェルトハイムの取り組みについて紹介しているほか、再生可能エネルギーについて学ぼうという人たちにセミナーを提供している。再生可能エネルギーを通して雇用の場が生まれ、街のイメージが向上し、村の様子は一変した。リチウムイオンによる蓄電装置の建設も進んでおり、２０１５年秋に完成すれば、４日分の電力を蓄えられるようになる。

訪問者の案内役を努めるジークフリード・カッパートは、「将来に向けて、見本を示したい。発展は続く。私たちはここから始めた」と、村の取り組みを誇りに思っている。２０１４年４月には、安部晋三首相の昭恵夫人が見学に訪れ、周辺を案内して自宅にも招待したという。

エネルギー村として第一歩を歩み始めた１９９０年代、ジークフリード・カッパートの妻がフェルトハイムの村長を務めていた。その村長が、風力発電装置の建設を考えていた若い企業家の学生ミヒャエル・

ラッシェマンに、地元の農業組合を紹介したのが、すべての始まりとなった。当時は風力発電がまだ珍しかった時代。村長は村の将来をエネルギー自給村とする決断をし、組合は土地の賃貸に同意し、建設にこぎつけた。

ラッシェマンはいまではエネルギークエレ社の代表として、ドイツはもちろんフランスなど外国でも風車の建設を進めている。また、風力発電装置や太陽光発電装置、変電所など、再生可能エネルギー施設全般に関するプロジェクトを請け負っている。現在は140人の社員を抱え、2014年は約50基、100MW分以上の風力発電装置を建てるなど、躍進している。

4　社員が主導。社屋のソーラー発電――フォルクスワーゲンのエムデン工場

労働組合がエネルギー組合をつくる

北ドイツに位置するフォルクスワーゲン（VW）のエムデン工場では、労働組合主導で社員の中から希望者を募ってエネルギー協同組合を設立した。2008年11月より工場の屋根のソーラーパネル容量280kWで稼働を始め、2009年に容量370kWまで拡充した。社員によるエネルギー協同組合の設立はド

イツでも当時、初めての例だという。

同工場は敷地43haで、約8600人がセダンやステーションワゴンのパサートなど、1日最大1200台を製造している。

社員によるエネルギー協同組合設立は、労働組合員のマーティン・レフレの力が大きい。レフレは再生可能エネルギーを重要と考え、社員にエネルギー協同組合設立を呼びかけてきた。連邦風力エネルギー協会の会員であり、個人的に風力パークに出資するなど、ノウハウと経験があった。すでに90年代、VWの敷地に社員による風力発電装置の設置をしたいと呼びかけてきたが、そのときはまだ機が熟していなかったせいか、実現にいたらなかった。それから10年かけて社員に再生可能エネルギーの重要性と経済的利点を説き、会社に屋根を提供してくれるよう交渉し、やっと実現にこぎつけた。

227人の社員が200ユーロから1万ユーロまで出資し、投資総額134万ユーロのうち4分の1を出資金でまかなった。ソーラーパネルを載せた社屋の屋根は6500㎡あり、屋根の賃貸料は全体で年間1ユーロでVW社と合意した。格安に設定したのは、VW社が社をあげてエコロジカルな取り組みを支援する姿勢を表している。初年度は5％の配当が保証され、それ以降は発電量に応じて配当が決まるが、5％前後が続いている。現在は年間265MWhの電力を生み出し、190トンのCO_2削減となっている。

協同組合設立が実現した背景として、同工場には1994年より、労働組合主導で地元の電力公社が風力発電装置を建てていることがあるのかもしれない。現在は15基となり、計算上は工場内で使用する電力の5分の1が、この風力発電でまかなわれている。北海にほど近いこの地方は風が強く、風力発電に適している。

社員出資のメリット

さまざまな面から見て、社員有志でエネルギー協同組合を作り、社屋や敷地内に設置するのは理想的である。身近に設備があるため、故障など問題があったときにすぐ対処できる。かつ自己投資したものが毎日見られるのはうれしいことだ。社員同士がよく顔を合わせるので、情報交換ができ、協同組合の運営もスムーズにいく。連帯感もうまれやすい。また協同組合には経営陣も出資しており、社内の階級を超えた組織となっている。組合もひとつの組織だから、社員にとっても「組織運営」を経験する機会となり、会社経営を理解する一端となる。

社としても社員が積極的に気候保護に取り組み、分散型のエネルギー供給に関わることは、エコな路線を目指す会社の

ヴォルフスブルクにあるVW本社

方針と一致する。このように社員と会社双方にとって、ウィンウィンの関係となっている。

ちなみに、ＶＷは２０１０年より全世界でキャンペーン「Think Blue（青に考えよう）」を展開しており、エコロジカルな製品開発や製造だけでなく、車のリサイクル率を高めたり、エコカーによるカーシェアリングなど多角的な取り組みをしている。２０１０年の数値を土台に、２０１８年までに車の製造においてエネルギー、CO_2排出、ごみ、水の使用などをそれぞれ25％減らすことを目標に掲げ、再生可能エネルギーを推進している。ハノーファーにある商用車製造工場は「Think Blue 工場」に指定されており、資源を効率的に使い、CO_2の排出を減らすことを掲げている。例えば、休憩時間や週末は、工場内の多くの機械の電源が自動的に切れるようになっており、エネルギーとコスト、CO_2排出を削減している。

3・2

自治体のサポートによる事業展開

1　地域交通網が率先するエネルギーシフト——ウーストラ社

近距離交通網のウーストラ社は1892年に設立され、ハノーファー市と周辺町村をカバーしている。路面電車の路線が12本、バス路線は40本あり、停留所は総計890ヶ所にのぼる。毎日40万人、年間1億5400万人が利用し、市民に欠かせない足となっている。路面電車は街中心部では地下にもぐり、郊外では路上に出る。昼間は10分間隔で走っており、週末も一晩中1時間おきに運行するなど大変便利だ。ハノーファーは2000年の世界万国博覧会をきっかけに、路線を拡張、改良し、世界で最も公共交通網が整っている都市のひとつとなった。

エネルギーを大量に消費する交通分野の環境マネジメント

同社は市と周辺町村がほぼ100%出資している株式会社で、公共性が高い。採算でなく市民の利便性を優先しているため、毎年赤字だが、その分は自治体が補填する。2013年は1700万ユーロの赤字となったが、市民に必要なインフラとして認識されており問題ない。社員は約1900人である。

ウーストラ社はハノーファー市と周辺町村による気候保護プログラムに組み込まれており、環境保護、労働保護、品質の3面から、気候保護や環境にやさしい経営に力を入れている。

2008年からハイブリッドバスの導入により、燃料とCO_2排出を25%削減した。2013年から試験的に電気バスも運用を始めている。欧州連合では2020年までにCO_2排出を20%下げようという目標があり、そのためにもディーゼルなどの燃料を減らす必要がある。

年間のエネルギーコストは約1600万ユーロにのぼる。消費電力は路面電車に76GWh、社屋に7・4GWh、地下の駅に8・5GWhで、あわせて2万6500世帯分の消費量になる。また、バスのディーゼル310万ℓ、社用車に17万ℓのガソリンを消費し、CO_2の排出は約5万トンとなる。市内でも有数のエネルギー大型消費者とあって、エネルギーマネジメントの必要性は高い。

1996年より環境マネジメントを導入し、1998年ヨーロッパの近距離交通網会社として初めて、その指針のひとつエコオウディット（環境監査）の認定を受けた。1999年には品質マネジメントも導入し、2002年から環境と品質双方を兼ねた統合マネジメントシステムに切り替えた。エミッション抑制、サービスの質向上などに取り組んでいる。具体的には、エネルギーについての目標を文書にし、目的達成のためのアクションプランを策定・実施するとともに、エネルギー消費について記録している。自らの目標を掲げ、公開することで自己義務を負うことになる。

エネルギーマネジメントを実施すると、気候保護に寄与するだけでなく、既存のエネルギーシステムからの影響を減らし、必要経費を下げることになるため一石二鳥だ。社屋に断熱工事を施すことで、省エネ仕様の建物となるため、不動産の価値も上がる。あわせて環境負荷を減らす取り組みとして、雨水の利用やごみの削減もしている。電力は再生可能エネルギーを購入しており、化石燃料や原子力による発電と一線を画すなど、包括的な取り組みをしている。

路面電車がブレーキをかける際、1・2〜1・3㎾hの電力を生み出すのだが、そのエネルギーは蓄電装置に保存され、次の路面電車が加速するときに利用される。この装置はブレーキを頻繁に踏む区間に設置されており、エネルギーの最適利用に一役買っている。

運転手への研修も欠かさない。バスではブレーキのかけ方や加速の仕方を意識的にコントロールすることで、燃料のロスを防ぐことができる。まず実物大の運転席のシミュレーションで練習し、燃料の減り具合を体験する。実際に路上で走るときもチェックすることができるので、毎日最良化を心がけることができる。

そもそも路面電車を利用することは気候保護につながる。路面電車が1km走行したとき1人あたりのCO_2排出量は75gだが、乗用車では134・6gとほぼ倍になる。

公共交通網の利用を促すため、料金体系でもさまざまな工夫が見られる。路面電車とバスは共通券となっており、一方向に向かうなら区間内では何に乗っても同一料金の2ユーロ50セントとなっている。1日区間内乗り放題となるチケットは4ユーロ90セントと、往復乗れば元が取れる。朝夕のラッシュ時を除いて、自転車も無料で持ち込める。

定期券購入者は毎月プラス7・95ユーロを払うと、カーシェアリングの会員権とドイツ鉄道の切符が25%割引になるバーンカードが手に入るほか、タクシー料金が2割引になる。マイカーを持たなくても、さまざまな交通手段を組み合わせることで快適に過ごせるよう工夫されている。ちなみに通勤でマイカーを使う必要がなければ、年間1万km以下の走行なら、自家用車よりもカーシェアリングがお得だという。

ハイブリッドバス

ブレーキで電力を生み出す路面電車

人と環境にやさしい車庫

ウーストラ社は380台の路面電車を所有しており、市内に4ヶ所ある車庫のひとつ、ラインハウゼン地区整備場では約100台を扱っている。ここでは車両メンテナンスとともに、翌朝一番の車両を用意しておくのが仕事だ。2000年の世界万国博覧会にあわせて完成し、先進的な環境対策をしていることで視察が絶えなかった。

もともとこの敷地は、19世紀の中ごろから鉄道の修理工場だったところで、1998年にウーストラ社が買い取る前はドイツ鉄道の所有だった。オイルの垂れ流しなど昔の名残で土地は汚染され、廃棄物も放置されていたため、格安での払い下げとなった。ウーストラ社は重度の有害物質は埋め立て地に持ち込み、残りは平らにして敷地内の土の下に埋めた。そのため敷地全体が周囲より60㎝ほど高くなっている。

社屋には市内最大のソーラーパネル530kWを設置し、年

環境に力点を置くウーストラ社は、社屋にソーラーパネルを設置している

間250MWsの電力を生み出している。機器の排熱を利用する暖房システムを導入し、暖房効率は格段に上がった。室内は自然光を最大限に生かす構造になっており、車両洗浄やトイレには雨水を使っているほか、車両洗浄水はリサイクルしている。

従業員の職場安全も心がけており、車両の上部で作業する際、危険がないよう柵を設けた。また、車両がブレーキをかけるとき、抵抗を大きくしてブレーキの効果をよくするため車両と線路の間に砂をまくのだが、砂を車両に入れる作業では細かい砂粉が舞い上がる。健康に害を及ぼすおそれがあるため、すぐバキュームで粉を吸い込むよう配慮した。車両整備マイスターのエドムント・シュロートは「近距離交通網の会社としてエネルギー転換に寄与することは十分可能」と満足している。

2 自治体エネルギー政策の実行部隊——ハノーファー電力公社「エネシティ」

地域密着型のブランディング

すっくとそびえる煙突は、「リンデンの暖かい3兄弟」と呼ばれ、地元住民に親しまれている。これはハノーファー市のリンデン地区にあるガス発電所の煙突である。夜になると公社のカラーである、赤と紫のイルミネーションで飾られ幻想的だ。ハノーファー電力公社「エネシティ」の象徴であり、イルミネーションには掃除機3台分の電力しか使われていないという。

エネシティはハノーファーと近隣市町村に電力とガス、水をはじめ、一部で地域暖房網も提供している。ドイツ全国で1千もの電力会社が乱立する中、中堅どころの電力会社10社のうちのひとつとして、生き残りをかけてさまざまな取り組みをしている。

同公社は75％を市が出資、残り25％は株式会社トゥエガが持っている。トゥエガは自治体の電力公社や水道局など100社が集まって設立された会社で、約450の自治体が関わっている。ドイツは1998年より電力市場が自由化されたが、電力供給の8割は4つの大手電力会社が占めている。トゥエガはその4社に対抗するためにつくられ、各地域の電力公社や水道局が相互に助け合ったり、情報交換する場になっている。各地の電力公社の株を保有することで、財政的にも相互に責任を負っている。マーケティング活動をはじめ、ネットワークづくりにも役立つなど、小さな自治体の公社には欠かせない存在だ。

ハノーファー電力公社の歴史は16世紀に遡る。水の供給から始まり、19世紀より電力供給を始めた。100年ほど前に個々の発電所をひとつにまとめた組織を設立し、1970年に現在の株式会社の

地元で親しまれるガス発電所の煙突「リンデンの暖かい3兄弟」

形となった。現在約２６００人が従事している。２０００年のハノーファーでの世界万国博覧会をきっかけに「エネシティ」というブランド名をつくり、宣伝活動をしてきた。このように独自ブランドを掲げ、マーケティングに力を入れる公社は珍しい。エンドユーザーへの電力販売のほか、他社と電力の売買もしている。２０１３年は約１万６千GWhの電力を扱った。

発電所は天然ガスや石炭、風力、水力をはじめ、バイオガスやごみ処理場のメタンガスを利用したものがあり、小規模の太陽光発電装置も所有する。そのうちフォルクスワーゲン（ＶＷ）と共同稼動させている石炭発電所では、隣接するＶＷの工場と市内の一般世帯に電力を供給している。ガス発電所では、発電の際に生まれた熱を暖房として近隣に供給している。暖房が必要な冬のエネルギー効率は88％と高い。また流水による水力発電所が２ヶ所あり、３００世帯分をまかなっている。魚が遡れるよう通り道が設けられており、周辺の生態系に配慮している。

エネシティの発電所の一部は昼間のみ稼動させ、夜間は安い電力を他社から調達することで効率化を図っている。そのため自社では原子力発電はしていないが、扱う電力に原発からのものが含まれることになる。ちなみに70年代、ハノーファー市内に原子力発電所をつくろうという計画が持ち上がったことがあった。原発を都市部につくろうという国の施策によるものだが、市民の反対にあって実現に至らなかった。

発電所をつくるか、節電所とするか

ドイツでは節電所という概念がある。増加する一途の電力消費をまかなうには、新しい発電所を建てるか、それとも節電所をつくるかである。節電所とは、「節電による余剰電力が、発電所を建設するのと同じぐらい効果がある」という考えで、省エネや電力効率化によって消費電力を減らすものだ。発電所を新設する設備投資や環境破壊がなく、シンプルで効果的な方法である。

ハノーファー電力公社でも1990年代から節電所の考え方を導入している。電力会社とは、本来電力を売れば売るほど儲かるはずなのに、なぜ同社は省エネを推進するのか、と疑問に思われるかもしれない。70年代のオイルショックにより、石油から脱却するため暖房用オイルの使用は減ってきたが、電力は増え続ける一方だった。同公社では増えゆく電力消費に頭を悩ませていた。電力供給が追いつかず、新しい発電所をつくるべきかどうか思案していた。特に昼に消費がピークを迎えると、自社供給では足りないため、通常の4倍という高値で他社から購入することになる。しかし割高になった分を料金に反映させることはできない。電力を売れば売るほど、かえって損をするというジレンマが生じていた。このままでは発電所を新設するしかないが、コストは膨大でリスクも大きい。今後少子化は進み、電化製品は省エネ仕様となるので、新設に見合うだけの電力が将来も必要とされるかどうか未知数である。

そこで、研究機関と相談した結果、「節電発電所」を実施することにした。すなわち人々に省エネを呼びかけ、需要を供給にあわせるのである。市民や事業所に省エネアドバイスをするとともに、省エネ電球を無料で配布し、電力消費の少ない冷蔵庫や暖房装置購入に補助金を出した。消費者にとっても、消費量が減り、支出が減るのはうれしいこと。特に事業所へのアドバイスを積極的に行った。

例えば、地元の銀行と、昼のピーク時に30分だけクーラーを止めるなどの電力消費を減らすよう合意した。他の電力会社から調達せずに節約できた額は、公社と銀行で半々に分けた。まさにウィンウィンの関係である。1998年までは電力市場は地域独占だったため、省エネを推進しつつ、商売が成り立つ料金設定が可能だった。

しかし1998年に電力市場が自由化されると、誰でも好きなところから電力を購入できるようになった。企業など大口消費者は電力会社を比較し、1、2年の短期契約を結ぶことが多い。つまり発電所を新設しても、そのときは顧客が減っている可能性がある。ますます新設は難しくなり、足りない分は他社から買うことで、需要の浮き沈みに柔軟に対応することにした。

当時、省エネ指導は先進的な試みだったが、自由化により電気料金が安いからと他社に乗り換えられては採算が合わない。そのため自由化後しばらくは省エネコンサルティングは見送られてきた。しかし最近再び、企業向けのエネルギーコントロール、いわゆる省エネコンサルティングに力を入れるようになった。ただアドバイスをするだけではなく、具体的な省エネの数値目標を設定し、省エネ指導と電力供給を行うものである。15分ごとに電気やガスの消費量を示し、企業に省エネの提案をする。10年から20年の長期契約となるため、顧客をつなぎとめるのに成功している。「省エネ指導すると売電量は減るが、企業は満足してうちの電気を買ってくれる」と広報のカルロ・カレンは満足そうだ。

電力の顧客は現在40万世帯にのぼる。年間の基本料金65ユーロに加え、消費量が年間9999kWh以下の顧客は1kWhあたり28・67セントの電気代となっている。年間1万kWh以上消費する場合は29・32セントと割高に設定されており、消費量が少ないほど得になる。

ちなみに同社は再生可能エネルギーだけを購入できる料金プラン「エコ電気」を提供している。通常の電気より3％高いだけだが、福島原発の事故以前は顧客の2％しか購入していなかった。事故以降伸び、2013年は一般世帯と事業所を含め2万8千の顧客が購入しているが「それでも少ないと思う」と上述のカレンは話す。「エコ電気」では希望者は1kWhあたり3セントを上乗せして支払っており、その分は新規の再生可能エネルギーの発電所開発に回される。

2005年以降、電力会社は発電方法の内訳を公開することが義務付けられている。2012年ドイツ全体では17％が原発による電力だったが、エネシティの標準タイプでは10％、エコタイプは自然エネルギーのみを扱っているのでゼロである。CO_2排出量や核廃棄物の量まで明記されており、エネシティの標準タイプでは1kWhあたりCO_2が532g、核廃棄物が0・0003gとなっており、平均より少ない。

エコシティを目指す多角的な取り組み

エネシティでは現在ハノーファーの85％のエネルギーをまかなっている。自由化により、他の電力会社から電力を購入している人もいるため１００％にはならない。一般世帯など小口販売はハノーファー周辺地域に限定しているが、大口顧客には全国に送電している。例えばデュッセルドルフ空港やハンブルク空港も顧客である。

エネシティの特徴は、多角的な経営をしていること。そのひとつが高圧線で働く人たちのためのトレーニングセンターである。空港や製造業では電源を切ることができないため、電流が流れている状態で作業しなければならず、特別な訓練が必要だ。国内でそのような訓練が受けられるのは3ヶ所しかなく、大手電力会社の社員や空港関係者が利用している。セミナー開催のほか、現場に出かけていって指導もする。センターを通じて空港など大型顧客の獲得につながった。

ハノーファーは国の電気自動車普及都市に指定されていることから、エネシティも積極的に電気自動車の普及に尽力している。市庁舎やオペラハウス広場など市内6ヶ所に電気スタンドを設置し、無料で充電できるようにしている。イベントで電気自動車の比較をしたり、スタンドマップをつくるなど周知に努めている。

また、天然ガス車も推進しており、現在、市内に１６００台あるという。ガスタンクは市内に6ヶ所あり、車購入の際に2千km走行分のガスをプレゼントしている。生ごみや事業者からの残飯やウィスキーを原料に、ガススタンドでは２０１３年よりバイオガスのみを提供している。

エネシティは学校や工場、老人ホームなど、電気と熱を同時に供給できるエネルギー自家供給設備であるコジェネレーションの設置にも携わっており、これまで2千ヶ所以上に設置した。市内のフォルクスワーゲン工場の発電所を建て替える際にも協力した。遠方で発電して送電線で送ると、生まれた熱は使われず、送電のロスがあるためエネルギーのおよそ3分の2が失われる。しかしコジェネレーションは現場で発電して熱と電力の両方を利用できるため非常に効率的だ。ドイツでは燃料は天然ガスが一般的だが、バイオガスやオイル、ペレットでも行われている。シェーナウ電力会社の役員ミヒャエル・スラーデクも「コジェネレーションによって、ドイツ全土で必要な電力の4割をまかなうことができる」と、このシステムを推進している。

木材エネルギーセンターでは、ペレットや薪など燃料となる木材の加工、販売をしている。火力により木片を3日で集中乾燥。都会に住む人たちの暖炉用の上質の薪として重宝されている。電気やガス代が上がる一方の昨今、薪ストーブの人気が高まっている。

エネシティでは、２０２０年までに発電量の半分を風力発電でまかなうよう計画している。「ご当地の風」をモットーにハノーファー市と周辺市町村が協力して、エネルギー転換に寄与しようというもので、自治体のパートナーとして建設計画から稼動まで一緒に行う。風車の建て替えはもちろん共同出資も行い、自治体の気候保護の目標達成を助ける。地元の風で起こした電気を、地元で消費するのである。

「同社の電気は安くない。安く売りすぎて倒産したのではもとも子もない」とカレンは話す。今後のエネルギー政策について「充電が大事。再生可能エネルギーとガスなどのパラレルな仕組みが必要だと思う。人は電気を使う生き物で、いいエネルギーは高くつくものだが、核廃棄物処理代に比べれば安いものだ。我々は責任のない製造方法で、安く提供するようなことはしない」と語っている。

3　省エネ指導に力点を置くエネルギー基金——プロクリマ

市民のための総合窓口

気候保護、地球温暖化防止という言葉をよく耳にするが、実際のところ何をすればいいのだろうか。ハノーファーのエネルギー基金である「プロクリマ」は１９９８年より、一般家庭や企業向けに地球温暖化防止と省エネ指導に取り組んでいる。省エネ相談にのり、改善案を提案したり、補助金を支給する中立的機関である。ヨーロッパでも先進的な組織で、このような大規模な基金は他都市では例をみない。２０１３年に15周年を迎えた同組織の活動を紹介する。

1998年にドイツの電力市場が自由化されることが決まり、長期的に持続可能な社会を実現するには、エネルギー消費を減らすことが不可欠だとして、同年、ハノーファー電力公社とハノーファー市など周辺6市町村の出資によりプロクリマを設立した。

現在はエンジニア、建築家、エネルギー専門家など12人が従事し、人口65万人の地域をカバーしている。エネルギー効率のよい建物の建築や改装を推進しており、断熱工事をはじめ、空気調整器やコジェネレーション、太陽熱暖房装置、ペレット暖房装置導入を支援している。プロクリマの活動は実践的なのが特長だ。

1998年から2012年まで、毎年約440から450万ユーロ、総額5200万ユーロを補助金として出資した。これまで2万2千件の申請があり、そのうち705のプロジェクトを認定。補助金は、プロジェクト額の約8%にあたるため、全体の経済効果は6億6千万ユーロと大きい。

プロクリマの活動によるCO_2削減は年間11万1千トンとなり、これは森林2万haが吸収するCO_2と同じ効果がある。乗用車のCO_2排出が走行1kmあたり160gだとすると、約7億km分、地球を約1万7千周する分を削減した計算になる。

電力消費測定器を無料で貸し出し

プロクリマは個人客だけでなく、事業所への指導にも尽力している。ハノーファー清掃公社AHAは社屋改築の際、環境にやさしい仕様とすることで8万ユーロの補助を受けた。2章で紹介したゼロエミッションの新興住宅地「ゼロ・エ・パーク」（58頁参照）や、ドイツ初のパッシブハウス「スーパーマーケットレーベ」（62頁参照）建設にもアドバイスと補助金を出した。

プロクリマの立役者であるハノーファー市の元環境部長で元経済部長であるハンス・メーニングホフは「環境にはお金がかかるというのは過去の考え。建物の断熱技術が進めば、電気代を削減できる。技術を環境政策に活かし、環境の考えを技術に導入できれば互いに補完できる。経済と環境は両立でき、長期的には双方を満たすものだけが生き残る」と話している。

消費量を知ることで省エネ意識を高める

省エネルギーの第一歩は、自分の消費量を知ることから。ハノーファー電力公社とプロクリマでは、顧客に無料で電力消費測定器を貸し

プロクリマが発行している冊子

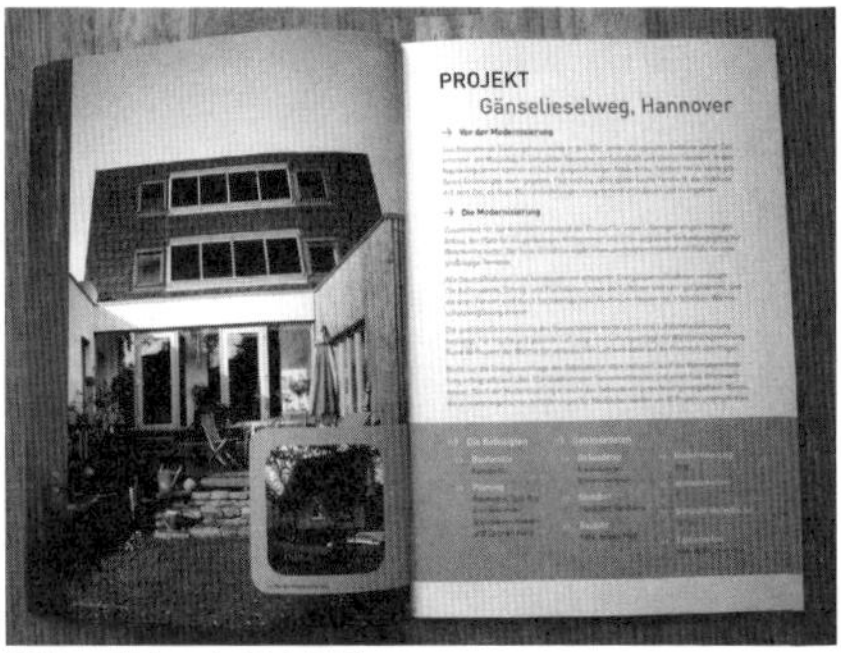

断熱工事をした例を掲載

出している。測定器をコンセントに差し、そこに冷蔵庫や洗濯機などのプラグを差し込むだけで、簡単に測定できる。

1章でも述べたように、ドイツでは各電気製品に、エネルギー消費に関するラベルがついている。欧州連合の統一規格でAからGで表示されており、一目でわかるようになっている。例えば最近の冷蔵庫はB以下はほとんどなく、A＋からA＋＋＋までが主流だ。

測定器はシンプルで使いやすくその瞬間の消費量と、24時間の消費量が測れるようになっている。エネシティの職員によると、冷蔵庫のように開け閉めするものは平均値を取るため、24時間見て判断すべきとのこと。A＋（0・75kWh）よりも2割以上非効率な場合は買い換えた方がよい。もともとの性能が劣化する上、古くなるとゴムのパッキンが緩み、断熱が悪くなるからだ。

私も自宅で測ってみた。冷蔵庫は24時間で1・323kWhと、A＋と比較しても倍近い消費量で、A＋＋（0・41kWh）の3倍以上だった。10年以上たつ冷蔵庫だから消費量は多いだろうと予想していたものの、こんなに多かったのかとショックを受けた。ラジオは瞬間で3W、テレビは約70Wだった。テレビのスタンドバイは16Wで、電源を切ってもコンセントにつないでいるだけで2W消費しており、旅行のときはコンセントから抜いた方がよいと実感した。電気湯沸しは短い時間とはいえ1800Wまで上がる。ノートパソコンは使用時は約35Wだが、ふたを閉じていても充電中は24Wを消費している。

電力消費は全体の消費量を見るのではなく、個々の家電製品でチェックするのがポイントだ。それにより無駄が見つかる。省エネはいつでも誰でもできるし、発電量を減らすことにつながる。みんながテレビやオーディオのスタンドバイをやめれば発電所を何基も停めることができるというが、本当にその通りである。

プロクリマでは省エネ冊子や省エネ機器のリストも配っており、買い替えの際、大いに参考になる。無料で発行しているこの冊子では、実際に断熱工事をした例を取り上げ、工事費や期間、工事による暖房費の節約分を明記するなど、具体的でわかりやすく、工事を考えている人にとって大いに参考となり、人気を集めている。そもそもドイツでオール電化の建物は例外的である。電気代が安くつくのと、電力消費量を減らすのはまったく異なること。電気を常時消費するオール電化は、無駄を嫌うドイツ人には向かないだろう。

4　エネルギーコスト削減を細やかにサポート——気候保護エージェント

再エネ促進で地域の価値創造

「ハノーファー気候保護エージェント」は気候保護を推進するため、2001年に発足した有限会社で、ハノーファー周辺市町村や電力公社、再生可能エネルギー関係の事業所をはじめ、50以上の企業からなる支援組合が出資している。気候保護のため一般への啓蒙活動はもちろん、自治体の気候保護プログラムを策案したり、企業や市民の省エネ活動を支援している。バイオマスや地熱、風力発電、コジェネレーションの利用をはじめ、省エネや気候保護のコンセプトづくり、環境にやさしいモビリティ、住居改装などのプロジェクトを、さまざまなパートナーと実施している。利用は基本的に無料で、省エネコンサルタントを紹介したり、補助金や融資申請の手助けをするなど実用的なのも特長だ。職員は約20人である。

気候保護は地域活性化につながる。省エネとエネルギー効率化をはかることは、家庭や事業所で再生可能エネルギー利用を促し、革新的な製品やサービスを生み出すことを意味する。それが地域の価値創造となるのである。

気候保護エージェントのマスコット・クレオ

例えば気候保護エージェントは、一般家庭向けに無料のソーラーチェックをしている。自宅の屋根に太陽光発電装置や太陽熱温水器の設置が適しているかどうか、専門家が診断する。あわせて、補助金の申請についてもアドバイスが受けられる。これは同エージェントと自治体によるプロジェクトで、人気を集めている。太陽光発電に興味はあっても、製品選びやコスト計算の敷居が高くては、なかなか手が出ない人も多い。そんなとき専門家が自宅まで来てくれれば、相談しやすい。市民に近づいていく形の取り組みが盛んなのも、ドイツの特徴だ。普通の電球をＬＥＤに無料で交換するキャンペーンも人気だった。

省エネ専門家が自宅でチェック

専門家が自宅を訪問して行う省エネチェックも人気である。本来なら、一般世帯での省エネチェックは１６０ユーロかかるが、ハノーファー電力公社が１４０ユーロ補助しているので、自己負担は20ユーロのみとなる。毎年７００件の利用があり、これまで5年で約３５００世帯が利用した。ハノーファーは20万世帯だから1〜２％にあたる。同エージェントに登録している専門家が20人おり、リストから自分で選ぶ。特に新しい家電製品を買うときの相談に力を入れている。一度買えば、何もしなくても省エネできるからだ。

まず家庭にどんな家電製品があるか確認し、ひとつずつ消費電力を測る。使用方法や頻度、生活習慣も質問する。電力だけでなく、暖房や水についても無駄のない消費の仕方をアドバイスしてくれる。約1時間の訪問の最後に、ＬＥＤランプやタップ付き電源など20ユーロ相当の省エネ製品がもらえる。水道の蛇口につけると、流水に空気の泡が混じって節水効果がある金具も効果的だ。通常シャワーは１分あたり12

自宅を訪れ、指導する省エネ専門家

〜15ℓの水が出るが、これを使うと6〜8ℓになり節減効果が大きい。省エネ普及員がその場で接続し、使用を促すのも特徴である。そのうち使おうと思って放置されるのを防ぐためだ。20ユーロ払っても、それと同額の省エネ用品がもらえるので無料で相談を受けたのと同じ計算になる。

また「貧しい家庭で電気代が高くて払えず、電気をとめられた」という話をときどき聞くが、失業者や生活保護受給者を対象にした無料の省エネプログラムも用意されている。連邦政府主導で行われており、これまで全国で150以上の自治体で実施されている。ハノーファーでは2010年から行っており、すでに約3700世帯を訪問した。訪問アドバイスをする省エネ普及員は、もともと長期失業者で、エネルギーについての専門的な研修を60時間受け、さらに40時間エクセルやデータバンク、安全トレーニング、お客さんとのやりとりなどの研修を受けた人だ。生活保護受給者は家にいる時間が長いなど、普通に働いている人とライフスタイルが違う。普及員は自分も失業していた経験から、訪問家庭の状況を理解しやすく、同じ目線で話ができる。2人1組で2回訪問し、1回目はエネルギーや水の消費量をチェックする。家電製品の使い方やライフスタイルをデータに入れて、省エネの可能性について検討し、2回目に対応策をアドバイスする。最後に70ユーロ相当の省エネ用

省エネ対策の好例を掲載した冊子を手にする気候保護エージェントの職員

品をプレゼントしている。

これにより一家庭あたり、電力、水、暖房費を合わせて250ユーロの節約につながっているという。この方法は、①失業者が普及員になるため失業対策の一環であり、②家庭は省エネしてお金の節約ができ、③省エネによるCO_2削減で気候保護につながる、と一石三鳥である。現在ハノーファーでは12人の普及員がフルタイムで活動しており、今後も増やす予定だ。さらに商工会議所の試験に合格すると「エネルギーと水の技術のサービス相談員」の資格が得られるので、フリーランスで活躍することも可能である。

企業のエネルギー効率化を後押しする

ハノーファー気候保護エージェントのキャンペーンのひとつエコビッツは「企業のためのエネルギー効率化」を合言葉に2006年から始まった。ハノーファー電力公社の基金であるプロクリマと共同で行っている。

大企業と違って、数人規模の事業所では環境やエネルギー専門の担当者はいない。多くは事業主の意識にかかっており、エネルギーコストが実際どれだけかかっているのか知らない人がほとんどである。まずエネルギーコストについて敏感になってもらうことが始まりなのである。エネルギーコストを抑えることは、恒常的に固定費を減らすだけでなく、電力やガス料金という外的要因による影響を最小限にし、安定経営につなげることができる。

気候保護エージェントは、年間60〜100の中小企業に対して無料の「エネルギー効率チェック」をサポートしている。2時間にわたり現場でエネルギーの使用状況について測定分析し、エネルギー消費について考えるきっかけを提供している。レストランやカフェ、タバコ屋、事務所、美容院などが対象である。実際にチェックするのは、プロのエネルギー相談員である。気候保護エージェントは、経験豊富かつ特定の企業とつながりのないエネルギーアドバイザーのネットワークを持っており、希望に応じて紹介している。

中小企業に復興金融公庫の融資を仲介するも重要な仕事のひとつだ。同公庫は2008年初頭から2010年半ばにかけて「中小企業のエネルギー効率化特別ファンド」のキャンペーンをドイツ全土で実施した。中小企業は金利が低いこの融資をもとに、再生可能エネルギーに投資。それにより総額6億6600万ユーロの投資が生まれ、年間1・92GWの省エネにつながった。各企業の省エネ率は8〜20%だった。

自治体のための気候保護アクションプログラム

エコビッツの大事な課題のひとつに、自治体のための気候保護アクションプログラムの策定がある。専門家がいない小さな町村では、プログラムを自分でつくるのはなかなか難しい。そのためドイツ連邦政府の補助金を受け、2008年よりハノーファー周辺の21市町村において、気候保護のための具体案を作成している。

国は2020年までのCO_2削減とエネルギーコストの抑制を打ち出しているが、目標実現には各自治体と市民の協力が欠かせない。気候保護エージェントは各自治体にあったコンセプトと行動案を提供し、実現に向けて支援する。その際、地元企業が関わることで、地域の価値創造につながるよう尽力している。コンセプトの策定には1年ほどかかり、地元の企業や住民に意見を聞きながら行う。参加型にすることで、主体者意識を持ってもらい、積極的に取り組んでもらおうという狙いである。

気候保護は重要だが、企業は業績を優先する傾向にあるので採算に見合わなければ対策をとるのは難しい。気候保護エージェントは、企業内でエコロジーとエコノミーが両立することを証明している。ここで同エージェントの支援を受けたスーパーの事例を見てみよう。

エネルギー50%削減! 売り上げアップのスーパー改装

新鮮な野菜や果物、欧州16ヶ国から取り寄せた400種類のチーズ。売り上げの60%を生鮮食品が占めるスーパーエデカは、駅裏の歩行者天国にある。改装により50%以上の省エネを実現するとともに、明るく人気のスーパーに生まれ変わった。

食料品店では通常、エネルギーの6割は電力でまかなわれている。そのうち7割は冷蔵に利用されているため、冷蔵技術の改良は大きな効果がある。エデカは組合式のチェーンスーパーで、隣国のオランダやポーランドなどドイツを中心に約500軒ある。フランチャイズなので、オーナーそれぞれが独自店舗を展開している。

今回改装したエデカは、エネルギー相談を受けたところ設備が時代遅れで、特に冷蔵にあたってエネルギーの無駄が多いことがわかった。また、灯油による暖房コストも高いことが判明し、外観の工事とともに、エネルギー効率を高めるために店内を改装することを決めた。

改装前、同店では30年前の冷蔵庫が、電力を大量に消費していた。しかも冷蔵庫は排熱を出すため、夏場は売り場が不用意に熱くなる欠点があった。

改装により集中冷気製造装置を中庭に設置し、そこでつくられた冷気はパイプで店内に送られるようになった。冷気のパイプはしっかり断熱されているため口スが少なく、排熱が売り場に入ることもない。冷気に

改装したスーパーエデカ

はほとんど水分が含まれていないため、以前は1日4回冷凍室の氷を解凍してかき出す必要があったが、今では月2回で十分である。店の冷蔵庫には自己学習機能があり、客が入って冷蔵庫を開け閉めする朝8時から夜8時までは温度を低めに設定し、夜間は適温となる。

中庭に設置された集中冷気製造装置

この装置の排熱は、暖房にも冷房にも利用できる。天井に空気調整器を設置し、夏場は冷気と湿気を店内に取り込んでいる。野菜売り場は低め、レジ付近は高めと、室内の温度を場所ごとに調節できる。以前は冷蔵庫からの排熱のせいで、室内が25度以上になり、客から苦情が出たり、食料品が傷んで損失を出したこともあった。今ではそのようなこともなくなり、かつ電力消費を52％節約できるようになった。

外の気温がマイナスでも集中冷気製造装置の排熱だけで、十分暖房することができる。天井の空気調整器で排熱を調整し、必要分を店内に送り込む。空気調整器は熱を逃さないだけでなく、室内の空気を快適に保つ。外のショーウインドウは2重ガラスにし、断熱機能を高めた。以前はボイラー2基が灯油を燃やして暖房していたが、一切必要なくなった。排熱だけで室内は年間を通して一定の温度に保たれ、暖房用燃料はゼロ、すなわち削減率１００％となった。

店内の照明も大事な要素のひとつである。店の内外と、冷蔵庫にLEDランプを取り入れた。LEDランプは低い温度環境で安定するので、冷蔵庫に適している。店内には既存の白熱電球も残っているが、徐々にLEDに置き換える予定だ。控え室や倉庫にはセンサーを導入し、人がいないときや昼間明るいときは自動的に消灯するようにした。店舗外の広告は、周囲が暗くなったら自動的に点灯するようにしている。

物理的な改善だけでなく、店員や買い物客の行動様式も省エネにおいて重要である。経済的にもエコロジカルな面からも、改装が意義のあるものであることを周知するため、定期的に社員研修を行っているほか、買い物客にも自社の取り組みをPR。店の冷蔵庫や冷凍庫には「扉を閉めてください」という張り紙をするなど、客の協力を促している。客は省エネの取り組みや店内の快適さを評価し、それが集客効果に反映する。今では毎週1万1千人の買い物客でにぎわうようになった。

改装前の年間エネルギーコストは、電力4万4千ユーロ、暖房用灯油が9千ユーロで、総計5万3千ユーロだった。改装前に34万4千kWhだった電力消費は、改装後18万kWhとほぼ半分に。灯油は必要なくなったから、エネルギーコストは電力の2万3千ユーロのみとなった。

改装費は30万5千ユーロであり、12年間で採算が取れる計算になる。金銭的な効果だけでなく、室内の空気が快適になり客の満足度と社員の士気が高まり、売り上げが増えた。倉庫での製品管理も改善されるなど副次的効果もあった。改装後も定期的にエネルギー消費をモニタリングし、エネルギー消費の推移を分析している。2012年、エネルギーシフトを実践している企業として評価され、ハノーファー経済会議団体により表彰された。

改装に伴い、店内を自動的に測定する装置も取り入れた。以前は2時間ごとに温度をチェックして担当の役所に手書きで送っていたが、今は自動的にデータが収集されるのでそれをメールで送るだけ。ずいぶん手間が省けるようになった。しかも温度に変化があると故障の前触れだとわかる。

オーナーのイエンス・ゼーゲブレヒトは「コスト削減はもちろん、資源を無駄にせず、CO_2の排出量を減らすことも重要だと意義ある改装をしたと思っている。店全体の改装費は55万ユーロで、そのうち32万ユーロがエネルギー関係の投資となった。1年モニタリングをして省エネ効果を証明してから、国や気候保護基金から補助金を受けることができた。ゼーゲブレヒトさんは「社員と顧客の満足度が高まり、売上げが増えた。省エネ改築を売りにするつもりはなかったが、口コミで話題になり、テレビやラジオでも取り上げられた。電気代やガス代は上がる一方。気候保護をしながら、コスト削減もできる。古いスーパーには、ぜひ改装を進めたい」と大満足している。

スーパー改装に大満足しているオーナー

3・3 収益と持続性を両立する企業の取り組み

1　220の再エネ発電所を支援する——ナチュアシュトローム

デュッセルドルフにある自然エネルギーのみを供給する株式会社ナチュアシュトロームは、1998年ドイツの電力市場自由化にあわせて連邦風力エネルギー協会など7つの専門団体や3つの環境団体の会員16人により設立された。現在は顧客24万人を誇り、バイオガスも供給している。シェーナウ電力会社、リヒトブリック、グリーンピースエネルギーとならんで、ドイツにある4つの独立系再生可能エネルギー供給会社のひとつである。

ドイツ語で「ナチュア」とは自然、「シュトローム」は電力だから、文字どおり自然電力という意味である。設立の1998年というと、2000年の再生可能エネルギー法の制定前であり、政府もまだ脱原発を決めていなかった。当時は石炭や原子力による発電が主で、再生可能エネルギーというと水力くらいしかなかった時代である。しかし、エコロジカルで経済的にも持続可能な電力供給をしたいと、環境やエネルギー関連の会員有志で会社設立を決めた。

最初は厳しい経営

１９９８年の電力市場自由化に伴い、電力会社約１００社が新規参入したが、２００４年までに生き残った独立系の電力会社は4社しかなかったという。送電線分離は進んでおらず、既存の電力会社が送電と発電をしていたため、新規会社の参入を歓迎しなかった。送電線使用料いわゆる託送料は自由競争にまかされたため、送電線を所有する会社は高くつり上げ、新規参入者の多くが撤退を余儀なくされた。

自由化に伴い多くの人が電力会社を乗り換えるかと思われたが、そうならなかったのも誤算だった。その中でナチュアシュトロームは２００１年夏には1万人の顧客を獲得し、なんとか生き残ることができた。１９９９年には再生可能エネルギー供給においてパイロット的な意味があるとして、ドイツソーラー賞を受賞している。

同社は再生可能エネルギーを供給するだけでなく、新たな再生可能エネルギーのための施設建設を支援するプログラムを用意している。その第1号が１９９８年10月、ヴァイル市の環境センターに設立した太陽光発電装置である。発電した電力は採算の取れる価格でナチュアシュトロームが買い取るという契約だった。2000年に再生可能エネルギー法が発効となり、固定価格での買い取り制度（FIT制）が始まったが、ナチュアシュトロームはその先駆者だったのである。

当初は、1年で1万人、4年で6万人の顧客を想定していたが、実際は3年で1万人、10年かかってやっと5万人だった。これまで独占体制に人々が慣れきっていたためか、自由化5年以内に電力会社を乗り換えたのは、事業者の6％、一般市民の4％に過ぎなかった。電力会社乗り換えに、予想以上に懐疑的な人が多かったようである。

実際に顧客が乗り換えを決めると、新しく指名された電力会社は、遠方まで送電する場合、各地域の送電線会社と、送電線使用について合意しなければならない。全国に約900もの送電線会社があり、ルートによっては数十社もの送電線を使用することになるため、大変である。

しかも託送料は多くの場合、送電線会社の言い値となり、交渉の余地はほとんどなかった。拒否されれば電力供給できないからである。また、送電線会社から使用メーターの情報がなければ顧客の電力料金を計算できないなど、電力会社の乗り換えは困難を極め、2002年には社員20人中15人を解雇しなければならないところまで追い込まれた。しかし20

再生可能エネルギーのみを扱うナチュアシュトローム

04年には、みずから新規の自然エネルギー発電所を建設し、小売だけでなく発電事業にも乗り出した。

綱渡りの経営が続いたが、2006年になってようやく送電線などを管轄する連邦系統規制局が、電力市場のフェアな自由競争を促すために規制に乗り出した。これにより託送料金は下がり、やっと新規参入者でも同等に戦える土台ができた。ナチュアシュトロームも顧客を獲得しやすい料金設定が可能となった。加えて気候保護の観点から、一般市民が自然エネルギーを購入するケースが徐々に増え、2007年以降は倍々で増加してきた。2007年には自前の風力パーク・フュルを北海沿岸に建設。2MWの風車2基が建てられ、約2千世帯の電力をまかなっている。

個人が太陽光発電装置を設置する際、補助金を出したり、発展途上国の再生可能エネルギープロジェクトに出資したり、自社で太陽光や風力発電装置を建設するなど持続可能なコンセプトは、既存の電力体系への批判でもある。

地域分散型エネルギー供給を実践

2009年末からはガス供給も、100%バイオマスによるものとした。2011年の再生可能エネルギー法改正前は「グリーン電力特権条項」により、扱う電力の50%以上が自然エネルギーの場合、賦課金は100%免除されていた。そのため安価で電力を提供することができた。

2011年初頭、顧客は約10万人だったが、3月の福島第一原発の影響は大きかった。事故後5週間で、

5万人増え、年末には顧客数は20万人と1年で倍となった。2011年末には地上での太陽光発電施設をつくったほか、オーガニック農家とともにバイオ発電に参加。風力パークも設立した。1998年より計220のエコ発電所を支援し、これにより総計6億5千万トンのCO$_2$の削減に寄与したことになる。現在、顧客へ供給している電力の大半は、国内にある小中規模の風力発電装置と水力発電によるものである。

2014年時点で、顧客はドイツ全国で24万人となっている。ナチュアシュトロームグループは約40の組織や会社からなり、全国10の拠点をはじめ約210人が従事している。株式会社とはいえ株は市場で取引されるのではなく、個人のレベルでやりとりされるため、誰でも株主になれるわけではない。現在は、950人の出資者がおり、1220万ユーロを出資している。

もともと市民参加で分散型の電力供給を目指してきたが、持続可能な供給には経済性も重要だと考えている。2002年から同社の代表を務めるトーマス・バニングは「エコロジーとエコノミーは両立する。再生可能エネルギーのシステムは、個々の取り組みが全体に寄与するようなシステムであるべきだ」と考えている。つまり自宅の屋根にソーラーパネルを設置して発電すること自体は小さな活動だが、社会全体に貢献している。その数が増えれば、影響力は計り知れないものとなる。

2　技術力と独自路線で勝負する風力発電メーカー――エネルコン

アウトバーンを走ると、あちこちで大きな風力発電装置が目に入る。巨大な風車がぐるぐる回る光景はすっかりなじみのものとなった。それに大きく一役買っているのが、ドイツ最大の風力発電装置製造メーカー・エネルコンである。２０１４年に創立30年を迎えた同社は、陸上風力に限定し、価格競争をせず、高い技術力と独自路線で勝負している。

創始者のアロイス・ボッベンは、風という自然のエネルギーを生かして地域の価値創造ができると考え、１９８４年に起業した。１９８６年のチェルノブイリ原発事故、１９９０年の電力供給法施行よりも早い時期で、風力発電の将来がまだ未知数だったころだ。同氏は労働安全、環境保護、製品の質の確保を心がけ、２０００年ドイツ環境賞を受賞した。

同社は北ドイツのニーダーザクセン州のオウリッヒに本拠地を構えている。そこで5千人が従事し、うち７００人は研究開発部門である。下請けや協力企業を合わせると町の人口4万人のうち、ほぼ半分がエネルコン関連の仕事をしている。北海に面した同州は風力発電の盛んなところで、エネルコンは国内シェア57％とナンバーワンで、州内シェアはなんと8割を誇る。２０１２年は発電容量３５００MW分、１６４７基を販売した。40億ユーロ（約5千億円）の売り上げを計上し、会社始まって以来最高記録となった。

ギアレスタービンによる効率よい発電と、送電線に負担をかけない技術が信頼を得ている。

国内に4ヶ所と、スウェーデン、ブラジル、トルコ、ポルトガル、カナダ、フランス、オーストリアの8ヶ所に計87万m^2の製造敷地を持ち、世界各国で1万7千人が働くグローバル企業に成長した。世界30ヶ国以上に2万2千基以上、33GW分を設置してきた。約3分の2が輸出で、欧州やアメリカ、カナダが中心だが、日本にも出荷している。2013年、世界市場におけるエネルコンの風力発電装置による発電容量のシェアは10%を占め、世界3位となっている。

近年、古い風力発電装置を最新型に置き換えるリパワリングの需要も増えてきた。

中国やアメリカ、インドなどいわゆる成長市場には進出していない。ノウハウ流出を防ぐためである。またドイツ政府が力を入れる洋上風力にも手を出していない。リスクが高く、安定性が未知数な洋上風力にかまけず、陸上風力に限定し着

メッセに展示されたエネルコンの風力装置の一部

実に売り上げを確保している。

社の目標のひとつとして、分散型発電で市民参加を促すことを掲げているのも興味深い。同社のエッカード・クイックマンは、ハノーファーで開かれた産業見本市で「地元の人たちは計画の段階から参加すべき。関係者がみなウィンウィンの関係を築けるようにしたい」と話す。市民参加を通して、地域住民から理解を得ることができ、反対が減る。

例えば、ある場所に風車10基による風力パークを建設したとする。敷地内に地主が150人いたら、補償金の20％は実際に装置が建つ場所の地主に、残り80％は周辺の人たちに分配する。20年かけて支払うことで、長期にわたって結びつきを深めることができる。年金の足しになると喜ぶ高齢者もいる。年金生活者や農家にとっても助かる制度だ。

エネルコンは水力発電の分野にも進出している。風力のプロペラの原理を、水力のタービンに応用し、2009年に旧東ドイツで2300kWの水路流れ込み型水力発電所の建設に関与した。ブレーメンでも同型の水力発電所を地元の電力会社と共同出資で建設し、2011年から稼動している。ギアレスのタービン2つは、直径4・5ｍで、それぞれ5MWである。直接ジェネレータに接続しているため、油圧装置やオイルはいらず、メンテナンスの手間がいらない。2013年は予定通り年間43GWhを発電し、1万7千世帯分の電力をまかなった。無人運転で、別の発電所でモニタリングをしている。

このように独自の路線を築くことで競合相手がいないという。ソーラー発電の分野では安い中国製品に負けて、ドイツメーカーがいくつも倒産したが、エネルコンは風力発電の分野に絞って技術力で勝負。今後も安さ競争とは一線を画す。２０１４年には４千MWの販売を見込んでいる。ここ20年間、メンテナンスなど風力装置をフォローするためサービス担当者の雇用は増えており、日々業績を伸ばしている。

3　再生可能エネルギーでＣＳＲ活動——ドイツ鉄道

ドイツ国内を縦横無尽に走る鉄道は、市民の足にかかせない。日本の新幹線にあたるＩＣＥには、「エコ電力」というステッカーが貼られている。ドイツ鉄道が、再生可能エネルギーを推進していることをアピールするものだ。

ドイツ鉄道は旧西ドイツのドイツ連邦鉄道と旧東ドイツのドイツ国有鉄道が合併、そして民営化されて１９９４年に誕生した。ドイツ全土を網羅する国内最大の鉄道会社で、約30万人が従事する。２０１３年は過去最高の20億人が利用した。

連邦政府がエネルギーシフトを決めたことを受けて、ドイツ鉄道も再生可能エネルギーを推進しようと決めた。鉄道は電力を利用して走らせているため、大量の電力を消費している。その一部でも再生可能エネルギーにしようというものだ。ドイツ鉄道が発行するバーンカードでは、顧客が利用した分の電力を再生可能エネルギーでまかなうことに決めた。年会費を払うと切符代が25％または50％割引となるバーンカードは、「100％再生可能エネルギー」との売りである。2013年4月からの試みで、この年は約500万人がバーンカードを購入していた。25％割引のカード料金は年間62ユーロであり、ハノーファーとフランクフルト間を一度往復するだけで元がとれる。

ドイツ鉄道ではDB2020戦略と称して2012年より、エコノミー、社会性とエコロジーの3つが共生する持続可能コンセプトを掲げている。2050年までにすべての鉄道の運行において再生可能エネルギーを利用するという目標を掲げ、交通会社として社会的責任の一端を担っていこうという姿勢である。現在、再生可能エネルギーの割合は35％であり、2015年以降、新たに水力発電所と契約を結ぶなど、継続的に割合は増えている。

首都のベルリン中央駅のホームの屋根にはソーラーモジュ

ソーラーモジュールが屋根にのっているベルリン中央駅

ールが設置されている。１９９０年まで東西に分割されていたドイツでは、長距離列車の発着駅がベルリン市内で複数に分かれていたため、不便だった。そのためベルリンの中心の駅として、連邦議会議事堂や首相官邸そばに２００６年、ベルリン中央駅がオープンした。毎日約30万人が利用する、ヨーロッパでも有数の駅である。同駅は3重構造になっており、長距離列車や国際列車はもちろん近距離列車も入ってくる。一番上部の屋根は透明なつくりで、その屋根に出力３３０kWのソーラーモジュールが設置されている。

ドイツ鉄道はベルリンやハンブルクなど大都市でカーシェアリングのサービスも提供しており、電気自動車５８０台を含む３１００台が全国で走っている。駅前から気軽に乗れるレンタルサイクルは9千台にのぼり、一部電気自転車もある。

１９９４年より鉄道環境センターを設立し、環境にやさしい取り組みを実現するため１３０人の専門家が携わっている。廃棄物や排水のチェックを年間3万件しているほか、自然保護の活動や、環境にやさしい鉄道会社としてのコンセプトづくりもしている。

4　木造パッシブハウスでマイホームを――カル・クラッシック・ハウス社

木製パネルによるパッシブハウスをつくっているカル・クラッシック・ハウス社は、2章で紹介したゼロエミッション住宅地「ゼロ・エ・パーク」にモデルハウスを構えている。住宅地内の約330戸すべてパッシブハウスであり、同社はここですでに43軒販売した実績を持つ。

カル・クラッシック・ハウス社はパッシブハウスに特化した会社で、1997年に創業された。木材を中心に自然素材を使った建物で、パッシブハウス研究所のお墨付き。社長のフランク・アレマイヤーは「学生時代から、エコロジカルな建築と室内のきれいな空気、低いエネルギーコストは意義あることだと考えてきた」と話す。床は3重の断熱材を入れ、土台の周りも断熱し、地下からの冷気を遮断している。工場で木製パネルの壁をつくり、窓もはめ込んでおくので、労働者5人が2日間で壁と屋根まで建ててしまう。そのため3ヶ月から半年で家が完成する。

断熱材には、保温保冷の効果があり、熱伝導率が低いミネラルウールや木質繊維やナチュラルウールを使用している。販売担当のハインツ・フェルナーは「自然の素材を使っているため強く、リサイクルできる。有害物質を含んでおらず、健康に害を及ぼさない」と話す。

断熱材を手にするフェルナーさん

カル・クラッシック・ハウス社のモデルハウス

パッシブハウスは特殊な建築のため、図面上で正しくあることはもちろん、実際に建築するときに、大工たちがきちんと規定どおりに建ててくれなければ意味がない。熟練した大工をいかに確保するかが鍵である。中には外国からの労働者でドイツ語が通じず、建築現場での経験がない人もいる。そういう人たちばかりだと、いい家は建てられない。断熱材がきちんと入っているか、柱はしっかりしているか。そのチェックもフェルナーさんが専門家とともにする。建設中は換気もしなければならない。設計から施工まで、責任を持って請け負う。

お客さんの要望を細かく聞き、夢のマイホームを実現すべく尽力している。窓枠はプラスチックか木か混合か。窓の下枠は大理石でも木材でもいい。間取りは、窓の小さい北側がバスルームやクローゼット、洗濯室となり、南側に居間や子ども部屋を配置するのが一般的である。屋内の温度は20度に設定してあるが、個々の部屋で差をつけることもできる。外気温がマイナスの日が続くと、熱交換器で取り出した熱だけでは十分に暖まらないので、床暖房を完備した。ヒートポンプを備え、太陽光発電装置または太陽熱温水器を設置している。換気装置で始終空気を入れ替えているため、窓を開ける必要はないが、内外とも同じ温度のときは窓を開けても差し支えないという。

レンガ造りが主流のドイツでは、木造というと弱いイメージがある。しかし、レンガやコンクリートのように石材建築だと熱伝導の関係で壁が厚くなり、その分室内が狭くなる。

また南向きに大きく窓を構えるときに重要なのは、外側にシャッターをつけること。窓の内側ではなく、外側につけることが重要だ。シャッターがなければ日光が直接射し込むために室内の温度は上がりっぱなしになり、下がりようがない。広葉樹の木を植え、夏場は葉を茂らして影をつくるのも名案である。アレマイヤー社長は「起業した当時はなかなか売れずに大変だったが、最近はエコロジカルな風潮により、口コミで客が増えてきた。金利が低いため、マイホームが建てやすいのも追い風になっている」と話し、時代が追いついてきたと考えている。

3・4

市民がつくった電力会社――シェーナウ電力会社

チェルノブイリがすべての始まり

　南ドイツにあるシェーナウ電力会社は、市民の反原発運動をきっかけに設立された組合制の会社である。市民電力の草分けといえる存在で、シェーナウのエネルギー協同組合には、市民参加の真髄が詰まっている。1997年7月より、再生可能エネルギーを顧客に届けている。

　すべての始まりは1986年のチェルノブイリ原発事故だった。この事故では約2千km離れたドイツ各地でも放射線が検出されたが、ドイツ政府は「状況はコントロール下にある。私たちに危険はない」を繰り返すばかりだった。当時、黒い森に位置する人口2500人ほどのシェーナウ市で、5人の子どもを持つ主婦のウルズラ・スラーデクや、医師である夫のミヒャエル・スラーデクをはじめ教師、警察官など有志10人ほどが集まり、「原子力のない未来のための親の会」を結成した。勉強していくうち、現在のエネルギー社会において、電力の無駄遣いが大きな問題であると気がついた。省エネコンテストや省エネアドバイスなどイベントを通して、住民たちを巻き込んでいく。チェルノブイリで被ばくしたキエフの子どもたちを受け入れる保養プログラムは、現在も続いている。

メンバーは、省エネや再生可能エネルギーの使用を推進するようにしてくれないかと、当時電力供給をしていた大手電力会社のところに行くが、けんもほろろの扱いを受けた。それなら自分たちで供給しようと奮闘し、1990年に「シェーナウ送電線買取組合（GbR＝Gesellschaft burgerlichen Rechts）」を40人でつくった。GbRは、会社の責務に対して個人が補償しなければならない民法上の組合であり、市民会社と表現したりもする。いわゆる協同組合（eG＝eingetragene Genossenschaft）と違って、私財産をリスクにさらすことになるが、「電力経済を変えたい」という熱意が設立に至らせた。それだけ本気だったわけである。その組合のもと、1994年に有限会社であるシェーナウ電力会社を設立した。

その後、激戦となった2度の市民投票を経て、市内への電力供給権を獲得したが、1998年の電力自由化前であり、実際に供給するには送電線を買い取らなければならない。これまで供給していた大手電力会社は送電線価格を不当に高く設定したため、資金集めは困難を極めた。大々的にキャンペーンを実施して全国から寄付を受け、社会銀行であるGLS銀行のファンドで資金を集め、1997年ついに送電線を買い取った。エネルギー協同組合は現在全国に900ほどあるが、送電線を買い取ったのはドイツ広しといえども長らくシェーナウ電力会社だけだった。同社の動きは当時、全国の反原発運動のシンボルとなっていたから、もし挫折していたら現在の市民発電はまったく違った状況になったろう。

増え続ける組合員。成長に応じて組織改革

2006年にシェーナウ電力会社は、送電線と電力販売の二つの会社に分離した。送電線は国が決めた規制に基づく安定した事業だが、電力販売は自由競争のためリスクがある。電力販売のリスクが送電業に影響しないようにしたのだ。

2009年9月にシェーナウ送電線買取組合（GbR）は、現在の形のシェーナウ送電線買取協同組合（eG）に組織変更した。GbRでは全員一致でものごとを決めなければならないなど、組織が大きくなりそぐわなくなったためである。それまで620人が約100万ユーロを出資していたが、新しい組織になったことで組合員が増え、同年末には倍以上の220万ユーロの出資を得た。それから倍々となり、2014年には3500万ユーロ、組合員は約4500人となった。2013年はシェーナウグループで、1億4千万ユーロの売り上げを記録した。

組合員資格は、基本的にシェーナウからガスか電力を購入していればよい。1口100ユーロで、最低5口より、最高100口までと決められている。何口出資しても、会員としての権利はひとり1票である。

組合員になると、会社の収益に基づいて配当がある。しかし、シェーナウでは安全で値段が手ごろで、気候にやさしく、原子力のない電力供給をすることが第一である。規約には、会社や出資者の利益が優先

ではないとはっきり謳っている。これまで年4〜6%の配当があったが、これがずっと続く保証はない。会社の収益が落ちたり、赤字になると配当金がないこともあり、リスクはある。組合員の出資金は、送電線の拡張や、再生可能エネルギーの新たな発電所の開発に使われる。

現在は、母体をシェーナウ電力送電線買取協同組合として、下記のような関連企業を抱える。

・シェーナウ電力送電線会社：所有している送電線や配電線、ガス網を管理
・シェーナウ電力販売会社：電力とガスの販売
・シェーナウ電力ダイレクト会社：同じく電力とガスの販売を担当
・シェーナウ電力エネルギー会社：発電設備の設置と運営。ソーラーや風力発電、コジェネレーションなど
・木エネルギー運営団体：コジェネレーションやペレット暖房など熱関係を担当

他にも、自治体のパートナーとしてティティゼーノイシュタットエネルギー供給公社に30%、シュトッガルト電力販売公社に40%を出資するなど、全部で5つの公社に関わっている。最近は自治体が再生可能エネルギーを推進し、電力事業を公営化する動きがあり、その際、シェーナウの会社のノウハウが求められている。もともとシェーナウ電力会社は、会社を大きくし、自分たちですべてやろうとしているわけではない。分散型供給は地元の人たちの手で行われるのが最善だと考えており、それを手助けする姿勢だ。

例えばティティゼーノイシュタットエネルギー供給会社は、シェーナウ電力会社の提案により、3割は一

般市民からの出資を募った。

　協同組合の代表は、これまで創始者であるウルズラ・スラーデク、ミヒャエル・スラーデク夫妻、現役警察官のロルフ・ヴェンチェル、元シェーナウ電力会社社長のマーティン・ハルムの4人であったが、2015年1月に世代交代をした。現在は、ロルフ・ヴェンチェルが残り、加えてスラーデク夫妻の二人の息子アレキサンダーとセバスチアン、新たに加わったアーミン・コメンダが代表を務めている。シェーナウ電力送電線会社の代表はアレキサンダー、シェーナウ電力販売会社の代表はセバスチアンが引き継いだ。

ウルズラ・スラーデクは、子どもたちは小さいころから両親が熱心に活動してきた姿を見てきたといい「息子二人が入社し、私たちの意志をついでくれるのはうれしい」と話す。50歳代後半のロルフ・ヴェンチェルは「新しい役員たちは私よりも10歳以上若い。これまでのノウハウを若い世代に引き継いでいくのが私の役目」と話し、70歳代のスラーデク夫妻との仲介役を自負する。

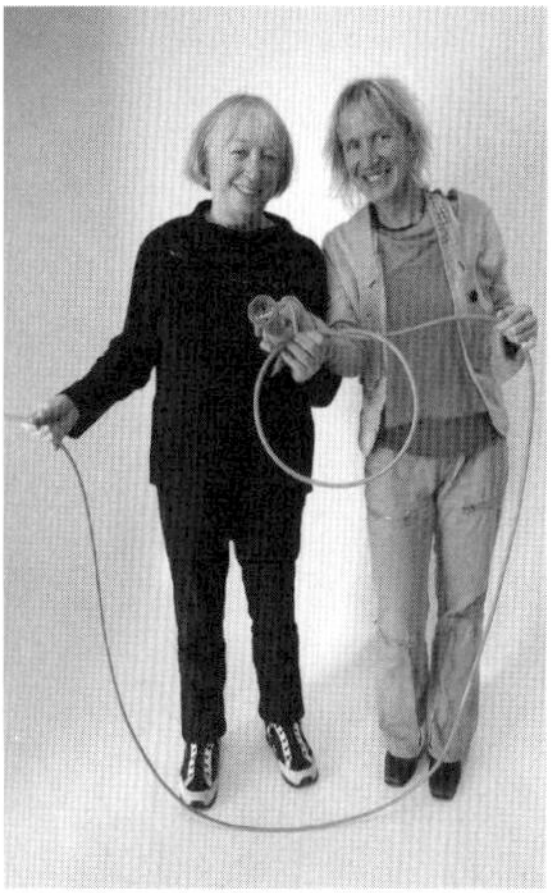
電気の線を手にするシェーナウ電力会社のスラーデクさん（左）とシュテーゲンさん

電力を他人まかせにしない

　電力供給を始めた1997年当初、顧客は市内の1700戸だったが、1998年の電力自由化以降は全国に顧客を増やし、現在は16万の顧客に再生可能エネルギーを届けている。他社のように使えば使うほど単価が安くなるのではなく、消費量が増えると1kWhあたりの料金が上がるなど、省エネが報われる料金体系にしているのも特徴的である。2014年9月には、第3機関による商品比較の「エコテスト」で、再生可能エネルギーを扱う電力会社の部門で「最優秀」の評価を受けた。調達している電力の7割以上を、過去6年以内に稼働した発電施設から調達し、かつ既存の電力より2%安いことが評価された。

既存の大手電力会社の一極集中型発電と違い、シェーナウは市民参加による地域分散型発電を実践している。電力は再生可能エネルギーのみであり、ノルウェーからの水力発電と、近隣からのソーラーや風力による電力を調達している。電力を全国に供給しているほか、シェーナウの近隣地域ではバイオマスの供給も始めた。市民発電を応援しており、個人でソーラーパネルやコジェネレーションを導入する人に助成金を

シェーナウ電力会社の屋根にもソーラーパネル

出すことで、2千以上の太陽光発電装置をはじめ、水力、風力発電など総計約２２００の設備投資を支援した。２０１３年11月の時点で、これらの設備により年間約２４７０万kWhの電力が生まれている。また自ら発電すべく２０１６年末の稼働を目指して、南ドイツに風力発電装置を5基建てる申請をしている。最初は社員3人から始まった会社も、現在は約１００人と伸び、地域でも有数の雇用の場となっている。

２０１０年から南ドイツでガスの供給も始めた。２０１５年からは全国に提供しており、約1万人の顧客がいる。ガスの種類は、バイオガス１００％をはじめ、天然ガス90％＋バイオガス10％のものもあり、選べるようになっている。

私もシェーナウから電力を購入している。年に一度送られてくるパンフレットに、今回は息子のセバスチアン・スラーデクの写真が載っていて、世代交代を感じさせた。自然な笑顔の顔写真を見ると親しみがわき、メッセージが自分自身に向けられている気がする。普通の電力会社ではまず見かけない形である。消費明細には年間の使用料とともに、これがドイツの平均と比べて多いか少ないかも一目でわかるようになっている。

ちなみにドイツでは電力、ガス、水道とも毎月の検針はなく、年に一度チェックして清算という形になる。しかも自分でメーターの数値を読み取り報告する自己申告制である。前年度を基準に毎月一定額を払うのだが、年に一度こうしてチェックし、使いすぎていた場合は追加料金を払い、使用料が少なかった場合は返金される。検針の人件費がかからず、合理的である。引越しのときはいつでも、清算できる。

ウルズラ・スラーデクは「計画段階から市民が発電に関わるのが重要」と、市民参加の重要性を力説する。市民が関わることで、発電、供給、消費の全行程に責任が生まれる。「人々の生活に重要な役割を占める電力を他人まかせにし、企業の利益追求の手段としているのはおかしい。エネルギーは私たちの生き方や社会の発展に深く関わっている。市民と関わり、市民の要望を聞き、私たちの考えを伝え、討論する。このようなプロセス、民主主義が大事」というのが信念である。「会社の活動を通して、自分の住みたい社会をつくることに貢献できるのはうれしいこと。市民団体だったら相手にされないところでも、会社という肩書きがあれば、真剣に話を聞いてくれる人もいる」と話し、生き生きと取り組んでいる。

スラーデク夫妻は2014年末で現役を引退すると宣言し、実際に後任に譲ったが、今でも会社に顔を出し、のんびりした引退生活からは程遠い忙しさだという。日本への講演依頼もあるが「飛行機に乗らないと決めたので、難しい。日本に列車で行こうかとも考えたが、遠すぎるので断念した」とのこと。残念である。

欧州の原発ルネサンスを阻止せよ

シェーナウ電力会社は、欧州での原発推進の流れにも警鐘を鳴らしている。欧州委員会（EU）がイギリスでの世界最大級の原子力発電所ヒンクリー・ポイント建設を許可したことについて、反対キャンペーン「原発への金はない―ストップ、ブリュッセル」を大々的に展開している。電力会社として欧州委員会に直接反対意見を表明したほか、ＥＵ市民が反対の意を訴えるよう促している。ホームページには反対文書が用意されており、氏名と連絡先を書き込むだけで手紙の形になり、それをシェーナウがまとめてＥＵに届けている。シェーナウを含む31の団体が参加しており、２０１５年4月現在7万5千人が手紙を送ったという。

同原発はフランス電力公社（ＥＤＦ）によるもので、イギリス政府と合意し、２０２３年の稼働を目指す。しかし、この原発建設は不自然なことばかり。イギリス政府が建設費２１０億ユーロの保証人となっているうえ、１kWh11セントの買い取り価格を35年間保証している。周辺のインフラ整備もイギリスが行う。ファイナンシャルタイムスの試算によると、発電コストは１kWhあたり35セントになるため、どうみても経済的に見合わない。ドイツでは太陽光発電の買取価格は１kWh９セントだから、明らかにＥＵの自由競争の規則に反する。そのためイギリス政府は例外を認めるようＥＵに申請し、交渉の末、最終的に許可を得た。シェーナウ電力販売会社の代表セバスチアン・スラーデクは「イギリスは10基建てる計画をしている。ＥＵの決定はヨーロッパの新しい原発建設の幕を開くことになる」と、危機感を持っている。オーストリア政府がすでに裁判で訴えており、それを支援する意味でもより多くのＥＵ市民が反対の声をあげることで、ＥＵの決定に影響を与えることができるとしている。

このように国内やＥＵ内でのエネルギー経済の動きに目を光らせ、反対運動や支援運動を展開しているのもシェーナウならでは。電力会社でここまで活発に活動をしているところはまれである。

column 3

市民プロジェクトを支援するGLS銀行

GLS銀行（貸与と贈与のための共同銀行）はドイツ初の社会的銀行として、1974年に設立された。組合制の銀行で、社員は450人、出資会員は約3万5千人にのぼる。利益一辺倒ではなく、環境や社会、人権に配慮し、倫理の価値観を取り入れた金融業務を行っている。通常なら銀行から融資を受けにくい小規模な有機農場や、市民エネルギープロジェクトにも融資する。融資先を公開しているのも特徴だ。再生可能エネルギーだけを扱うシェーナウ電力会社もGLS銀行の協力で基金を設け、送電線買い取り資金を全国から調達した。

同銀行はシュタイナーの精神に基づく経営理念を持っている。ルドルフ・シュタイナー（1861〜1925年）は、持続可能とは、社会、エコロジカル、経済の3点の要素からなり、経済活動で得た利益はすべて教育と文化に費やすべきだと考えた。日本でも特に教育分野でシュタイナーの思想が紹介されている。

同銀行は15年ほど前まで、文字通り「利益を求めていない」と宣伝していた。設立当初はシュタイナーの考えを理解し、銀行にお金を預けても利子をまったく受け取らないか、一部しか受け取らず寄付する人が大半だった。しかし現在は数％に過ぎないという。当時は利子が6〜7％と高く、2％寄付しても5％もらえた。今は利子が1％以下で、金に対する考えも変化している。以前は「利子を寄付しませんか」とすべての客に声をかけていたが、最近は控えるようになった。定期預金のために来たお客に、いきなり利子を受け取らないよう促すのは、相手を不用意にびっくりさせること

銀行の意義は「どのように生きたいか」に関わることだとするGLS銀行

になり時代に合わない。

預金として集めたお金は、年間1万以上の企業やプロジェクト、団体に融資している。2013年は再生可能エネルギー分野に38％、食料やオーガニック農法に14％、健康に22％、教育に8％、住まいに18％だった。2012年には「ドイツの持続可能な企業」として表彰された。

GLS銀行はもともと、贈与財団GLSトロイハンド（忠実な手）から生まれた。GLSトロイハンドは、シュタイナー学校をつくろうとした人たちが、資金不足のため寄付を募ったのが始まりで、1961年に設立された。

現在、同財団は寄付したい人たちの相談にのり、寄付金が意義ある用途で使われるよう尽力している。2013年は寄付金を870万ユーロ集め、そのうち700万ユーロを贈与した。贈与先は世界各地の約300団体で、オーガニック農業、発展途上国支援、教育をはじめ、健康、芸術文化、再生可能エネルギー推進などさまざまなプロジェクトがあり、寄付者は好きな分野を選べる。

このように貸与と贈与の両方でGLSは、市民プロジェクトを支援している。中にはひとつの団体が貸与と贈与の両方を受けることもあるという。貯金をする際、自分のお金が意義のあることに投資されることを望む人は増えている。融資にしろ贈与にしろ、信頼してまかせられるところがあるのは市民にとってもよいこと。90年代半ば以降GLS銀行は大きく伸びてきたが、ますます重要度は増している。

4章

市民を行政が後押しする

4・1 行政主導によるエコなまちづくり

1　将来を見据えたハノーファー市の環境政策

緑豊かな環境都市

ここでドイツ北部のハノーファー市とその周辺の町の試みを紹介したい。日本では環境政策というとフライブルクが有名だが、同じような取り組みは他都市でもしており、フライブルクが特別というわけではない。特にハノーファーには、気候保護を専門とする課があり、熱心に独自の政策を展開している。

ハノーファー市はニーダーザクセン州の州都で、人口52万人。ドイツの中堅都市である。ハノーファーは観光地ではないため、日本で知っている人は少ないかもしれない。

ハノーファー市は「森の中に街がある」といわれるほど、緑豊かである。住宅地の路地には街路樹が4階くらいの高さまで伸び、青々と葉を茂らせている。市北東部に位置するアイレンリーデの森は、パリのブローニュについで都市の森として、ヨーロッパ第二の広さを誇る。市中心地より西へ数km行ったところにバロック式のヘレンハウゼン王宮庭園があり、2013年春に念願の城が再建された。隣接のゲオルゲ庭園では世界の植生が楽しめ、市民の憩いの場となっている。

ハノーファーは州議会議場があり、以前ここでシュレーダー前首相やブルフ前大統領が知事を務めた。ドイツ鉄道の駅には、日本の新幹線にあたるICEが停まり、北はデンマーク、南はミュンヘン、東はベルリン、西はオランダに続いている。ヨーロッパの各都市に就航するハノーファー空港があり、アウトバーンが整備され、交通の便がよい。オペラハウスをはじめ劇場や美術館、映画館も充実している。

ハノーファーは工業都市である。私の母校であるライプニ

ハノーファー市庁舎

ッツ・ハノーファー大学はもともと工科大学だったため、理工学系が強い。現在は理系から文科系、医学や獣医学部もある総合大学となり、約2万4千人の学生が在籍している。市内には26万人分の職場があるが、種類も規模もさまざま。世界企業であるコンチネンタルとフォルクスワーゲンではそれぞれ1万人が従事している。その他、中小企業や研究機関などさまざまな事業所がある。市民の半数以上が大企業に勤めていると、その会社の景気に町全体が左右されるが、ハノーファーではほどよく分散している。

市南東部には、世界最大の見本市会場ドイツメッセがある。世界一のコンピュータメッセ・セビットや産業見本市が開かれているほか、年間大小70のメッセが開催され、世界中の人々が訪れる。これは戦後ハノーファーを占領していたイギリス軍の指導によるもので、1947年に設立された。ここを会場にして2000年に開かれた世界万国博覧会は、既存の建物を最大限に利用し、周辺を一部拡張して開催した。そのため周辺環境への負荷は最小限に留まり、環境エキスポといわれた。

市民がハノーファーの生活に満足しているのも特筆に値する。市では3年ごとにアンケートを実施しているが、過去20年間、満足する人の割合が継続的に増えている。現在は92%が満足していると返答しており、他都市と比べても格段に高い。

広島市と姉妹提携していることから、毎年8月6日に原爆の被害者の追悼式典を開いている。原爆や原発についての関心も、他都市より高い。福島原発事故のあった3月11日前後には、大きな反原発の催しが毎年開かれている。

安定した政権が、一貫した環境政策を実現

ハノーファーで環境政策が進んでいるのは、政権が安定していたことが大きい。市は長年、社会民主党（ＳＰＤ）が政権を握っており、特に１９７２年に29歳という全国最年少で市長となったヘルベルト・シュマルシュティークは２００６年まで34年間市長を務め、ドイツで市長在職最長記録をつくった。２０１４年の現在も市長はＳＰＤ出身であり、一貫した政策が貫かれている。選挙のたびに方針が変わっては、こうはいかなかっただろう。

ＳＰＤが緑の党と連立政権を組んでいたことも、環境政策を後押しした。特に１９８８年より２０１３年までの25年間、市環境部長を務めていた緑の党のハンス・メーニングホフ氏は、環境への取り組みに力を入れた。メーニングホフは２００５年から経済部長を兼任し、環境政策と経済政策が両立することを証明した。

市に気候保護課があることも、一役買っている。自治体によっては気候保護課がなく、関連部署で片手間に取り組んでいるところが多いが、それだとどうしても後回しになりがちだ。ハノーファー市のように専門の部署があれば、実践的な取り組みができる。市環境局には全部で40人が従事し、そのうち時短勤務を含む９人が気候保護課所属となっている。担当者は都市計画に関してエネルギーコンセプトを作成したり、建築や土木局と建築物のエネルギー消費について討論するなど、他部署と連携して業務に取り組んで

いる。同課で策定された案は、市議会で可決され、法的効力を持つ。目標実現のために法的枠組みを提案するのも、重要な課題である。

あまり知られていないが、環境分野でのハノーファーの取り組みは先進的である。すでに1990年、市議会で脱原発を決めており、原発の電力を市内に入れないという決断をしている。市はハノーファー電力公社エネシティに75％出資しているが、同公社は電力の半分を自家発電し、残りを外部より購入している。ドイツは2013年、約15％を原発でまかなっていたため、同公社の扱う電力の約7・5％は原発が混じっている計算になる。しかし同公社は市内だけでなく周辺市町村にも電力を供給しているため、周辺町村に原発からの電力を供給していると考えると、理論上はハノーファー市内は原発フリーを実現している。また市は2011年、自然保護と種の保存分野で連邦首都に選ばれており、気候保護の分野だけでなく、自然保護全般において尽力している。

具体的にどのような取り組みをしているのか、見ていこう。

マスタープランの野心的な取り組み

ハノーファー市は、ドイツ連邦環境省のプロジェクト「マスタープラン　100％気候保護」に参加している。2050年までにCO_2の排出量を1990年比で95％削減し、エネルギー消費量を半分にしようというもので、全国で19の自治体や地域が、連邦政府の補助金を受け、このパイロットプロジェクトに取り組んでいる。

「マスタープラン　100％気候保護」はどうすれば実現可能なのだろうか。包括的な取り組みが必要なため、自治体単独では達成できない。企業や市民の協力が不可欠だ。同プロジェクトは2012年7月から2年間でマスタープランの概要を策定し、続く2年（2016年5月まで）で実行に移す。ハノーファーではプラン策定に経済や学術、NPOなど240人の専門家と、5千人以上の市民が関わった。

市は「経済」「活力ある地域」「緑の街」「エネルギー供給」など7つテーマについて、2012年6月より1年にわたってインターネットで意見を公募。有志がそれぞれの強みや得意分野の知識を持ち寄り、プラン策定に寄与した。まさに住民参加である。気候保護は他のテーマに比べてどうしても後回しになりがちだが、市が設定した「持続可能な活動と気候保護のための見本地域」となる戦略上欠かせない。その中でもエネルギー転換を各地域でどのように実現するかが鍵となっている。

ハノーファー地域でのプロジェクトコストは約120万ユーロと見込まれ、うち8割を国が負担する。段階的にCO_2を2020年までに1990年比で4割削減し、地域内の一般世帯すべてに再生可能エネルギーを供給することを目指している。

エネルギーについて市は、2050年までに地元の再生可能エネルギーだけでまかなうことを目標としている。都会であるハノーファー市だけでは難しいが、周辺21市町村で協力し、バイオマスやソーラー、風力を組み合わせれば、再生可能エネルギーですべてまかなえると試算している。需要にあわせてフレキシブルに風力や太陽エネルギーを制御するシステムをはじめ、蓄電と蓄熱の技術が欠かせない。エネルギー効率化も最大限に行う。どこに風力発電装置を建てられるか、どの建物の屋根や壁にソーラーパネルを設置できるか、産業界や生物処理のプロセスで生まれる熱を利用できないか調査し、2020年までに、1万㎡にソーラーパネルを設置することを目標としている。

不可欠なのは市民の協力

市の中心部に気候保護のインフォデスクがある。再生可能エネルギーや省エネ、環境教育についてさまざまなパンフレットが置いてあるほか、省エネの具体的な方法を教示したり、断熱工事をしたい人に補助金申請の手助けをする。近距離交通会社のウーストラの切符販売コーナーの一角にあるので、切符を買いに来た人が待ち時間にふらりと寄ることもある。ちなみに隣のデスクは、カーシェアリング「シュタットモビール」である。

交通はエネルギーに次いで、排出ガスと関係がある。そのためマイカーを減らし、路面電車やバスなど公共交通機関の利用をすすめ、自転車や徒歩を推進している。また車両の技術改良により、排出ガスを減らすことも肝要だ。エネルギー効率化も必須である。省エネ機器購入に助成金を出すなど、行動を後押しする仕組みが効果的である。

建物のエネルギー効率化について「2050年、最終エネルギー消費を1990年比で8割減らす」というドイツ連邦政府の指針の実現を目指している。どうしても必要なエネルギーは再生可能エネルギーでまかなう。特に一般住居での省エネに力を入れており、新築には最新の省エネ技術を導入し、既存の建物には断熱工事をしたり気密性の高い窓に交換するなど、改装工事を推進している。

もちろん法的整備も欠かせない。気候保護について、長期的に変化のない政策を決めることが必要だが、人々に受け入れられる法律でなければならない。適切な補助金制度と、経済投資が見合う保証が必要である。国や州が自ら手本となり、継続的に行動しなければならない。

同時に、人々の行動様式を変えることが不可欠である。最新技術を導入し、省エネ機器を使い、建物を断熱しても、電気をつけっぱなしにしたり、不必要に暖房してはエネルギー消費は減らない。環境にやさしいライフスタイルをいかに実現するか。住居、消費、食料、教育など各分野で情報提供と啓蒙が必要だ。省エネには、意識改革がもっとも効果的である。

市は、ハノーファー電力公社や約80の企業や環境団体とともに2008年、「気候同盟ハノーファー」を結成。2008年から2020年までにどのように環境負荷を減らし、気候保護に寄与するか定めている。例えば市は、公共施設の改修を通じて毎年4万8千トンの二酸化炭素を削減することを約束しており、参加企業もそれぞれ目標を掲げている。パッシブハウスの建設や、アパートの改修など市民生活の中での目標も掲げているため、目標達成には市民の協力が必要だとし、さまざまなイベントを通じて啓蒙活動を行っている。

街灯をLEDに

ＬＥＤ電球はすぐ点灯するため、スイッチを入れてからの時差がない。白くはっきりした灯りのため、従来の黄色っぽい灯りに比べて足元が見やすい。車から見ても、歩行者を見つけやすいという利点がある。

ハノーファー市内には、5万2千もの街灯がある。ハノーファー電力公社エネシティが管理しており、２００９年よりすでに一部ＬＥＤを導入している。ヴィールフェルト専科大学の協力を得て、全国でも珍しい街灯ＬＥＤの実験をした。市内の一角をＬＥＤモデル地域に指定。70種類以上のＬＥＤランプを設置して比較している。街灯の柱に、そのＬＥＤの特徴や会社名が明記されている。省エネルギーの程度だけでなく、光の効果、修理やメンテナンスの手間も総合的に比較するなど、実際の使用を前提としたものだった。電力消費が少なければ少ないほどよいのはもちろんだが、ランプが壊れたらどんな天候でも時刻でもすぐ取り替えられなければならないため、便宜性も重視される。このモデル地区にはドイツ全国をはじめ、海外からも視察団が訪れている。

どんどん新しい商品が出てくるため、単純比較は難しいが、消費電力、修理のしやすさ、取り扱いの簡単さ、在庫状況、値段などを総合的に判断した結果、2種類のＬＥＤランプが選定された。これを市内南西に位置するヨーロッパ最大のゼロエミッション住宅地「ゼロ・エ・パーク」と、市内東のキルヒローデ地区の新興住宅地に採用している。いずれ市は、既存のランプの寿命がきたら、徐々にＬＥＤに置き換え、最終的には市内すべてのランプをＬＥＤにする予定である。横断歩道の街灯については、連邦環境省が一部補助する。

　ハノーファー市の北に隣接するランゲンハーゲン町。ハノーファー空港がある人口５万人の町だ。ここではドイツで初めて、町内にある横断歩道の街灯をすべてＬＥＤ電球にした。

　町内には70の横断歩道がある。これまで街灯として２７５Ｗの電球を使用していたため、１基あたり年間１１００kWhを消費していた。交換したＬＥＤは58Ｗなので年間消費は２３２kWhと、約80％削減となり、投資は５年で元が取れる。ドイツ連邦環境省の補助を受け、２０１３年２月までに置き換えられた。フリード・ヘルム町長は「省エネとコスト削減につながるため導入を決めた。他の多くの都市でも実施してほしい」と満足している。

　専門家によると、ドイツの横断歩道の街灯すべてをＬＥＤにすると、約30GW節約できるという。これは小さな都市ひとつ分の電力消費に当たる。ハノーファーの先進的な試みが、

モデル地区のＬＥＤランプ。ＬＥＤの特徴を記載している

全国に与える影響は大きい。

2 エコモビリティを楽しむ

ソーラーボートで遊覧

ハノーファー市庁舎の南に、1周6kmのマッシュ湖がある。ナチス政権下に失業対策の一環としてつくられた人造湖で、木々に囲まれ、市民の憩いの場として親しまれている。この湖にソーラーセルを載せたソーラーボート「ヨーロッパ・エネシティ」が運航され、好評を得ている。

ソーラーボートは2000年、世界万国博覧会が開かれたのを機に導入された。丸いアーチ型でガラス張りになっており、機能的で美しい。10kWの電動モーター2つと、80V/495AHのリチウムイオンバッテリーを装備している。ステンレスを使っているため軽くて安定している。太陽光で発電し、バッテリーに充電して走る。天気がよければソーラーパネルからの電気だけでよいが、雨天時には外部よりバッテリーに充電が必要である。実際の運行速度は時速8kmだが、最高速度11・4kmを誇る。湖岸沿いをゆっくり約50分で一周する。

上:ガラス張りでモダンな外観のソーラーボート
下:中はゆったりとしており、食事をしながら景色を楽しめる

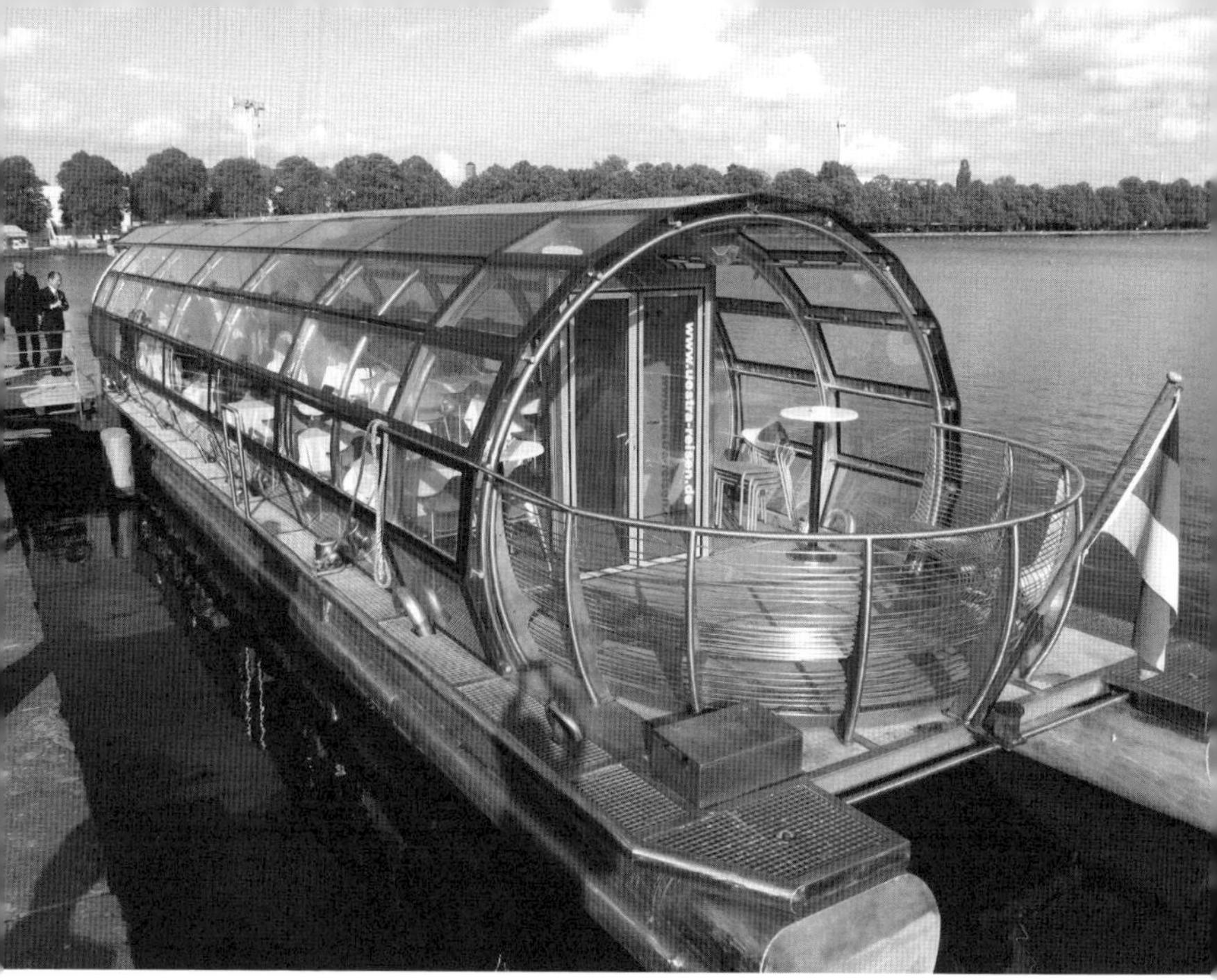
www.uestra-reisen.de

実際に乗ってみると、湖面が近く、ガラス張りのため外がよく見える。通常の船のようにエンジン音がなく静かで、水の上を滑るような乗り心地が快適だ。このボートは長さ22ｍで、最高66人を収容できる。ガス暖房とトイレがあるため、寒い季節も楽しめる。ビールや食べ物をサーブするスペースがあり、日曜日はブランチやコーヒーとケーキを楽しむ客でにぎわう。

春から秋まで運行しており、現在は予約制。2時間乗って、1人24ユーロとなる。マッシュ湖にはソーラーボートのほか電力で動く船など全部で4隻ある。船の責任者のロルフ・ランゲ氏は「ソーラーボートはとてもモダンでおしゃれ。市民から愛されている」と話す。屋根の上のソーラーパネルは5・6㎾hの容量となる。船は年間約1万人が利用し、マッシュ湖の名物となっている。ケータリング付きで貸切も可能なため、結婚披露宴をしたり、ビジネス接待にも人気である。

このボートをつくったのは「コプフ・ソーラー船」社。1995年より双胴の形の船カタマランをシュトットゥガルト大学と開発し、1996年には世界初のステンレス鋼のソーラーボートを製造した。1997年には、ソーラーボートシステムでソーラードイツ協会の特別賞を受けたのをはじめ、2000年にはヨーロッパソーラー賞であるユーロソーラーを受賞したほか、100人乗れる大型船を開発した。南ドイツのボーデン湖や、ウルム市などのソーラーボートも同社の製品だ。他にも電気船やハイブリット船も開発している。

ハノーファー市の環境への先進的な取り組みの一環として、ソーラーボートはシンボル的な存在となっている。

エネルギールートをサイクリング

ハノーファー市と周辺町村はエネルギールートと称して、水力や風力、太陽光、バイオマスの発電所を巡るサイクリングコースを提案している。ハノーファーから近隣町村を通って西へ行くコースと南に行くコースがあり、それぞれ8ヶ所の見所がある。

ルートはそれぞれ約37kmになる。西へ向かうルートは、市内外のバイオマス施設や風力、太陽光発電装置を紹介している。発電所の年間の発電量とそれに伴うCO_2削減量を明記しており興味深い。例えばハノーファー市内にある水力発電所ヘレンハウゼンは、2000年のエキスポプロジェクトの一環として造成され、1999年よりハノーファー電力公社が運営している。容量940kWで、年間330万kWhを発電しており、二人暮らしの家庭970世帯分の電力となる。毎年2千トンのCO_2を削減している。

車でなく、自転車で回ろうというところがミソである。ハノーファー周辺は標高差がほとんどないため、サイクリングに最適だ。景色を楽しみながら、地元の再生可能エネルギーに親しめるとあって、楽しい遠出になりそうだ。距離が長いため、一部列車を使うことも提案している。ドイツ鉄道や路面電車への自転車の持ち込みもできるため、列車で地方に出かけ、そこでサイクリングする人も多い。

もともとハノーファー周辺は、自転車道が充実している。市街地では自転車道は赤で塗られており、わかりやすい。自転車専用信号もある。ハノーファーでの自転車の利用率は15％ほどだが、市は２０２５年までに25％に引き上げたいと考えている。車道を自転車優先道路とし、自転車が真ん中を走れるようにしているところも随所にある。また、駐輪場を増やしたり、レンタル自転車のインフラ整備にも力を入れている。

自転車の利用は環境にも体にもよく、いいことづくめ。エネルギールートをサイクリングすれば、景色を楽しみながら、発電所を間近に見ることもでき、まさに一石二鳥。ドイツ人らしい休日の過ごし方でもある。

eモビリティを推進

１８９８年に初代ポルシェがつくったという最初の自動車「Ｐ１」は、電気自動車だったという。古いプロトタイプの車でオーストリアで発見され、現在ポルシェ博物館に展示されている。本当にポルシェがつくったのか物議をかもしてい

サイクリング用のエネルギールートを紹介する冊子

るが、車は馬車と同じ形をしており、歴史を感じさせる。

ドイツ政府は2020年までに、100万台の電気自動車を走らせることを目標にしている。全国4州でプロジェクトを進めており、そのひとつニーダーザクセン州ではハノーファー、ヴォルフスブルク、ブランウンシュバイク、ゲッティンゲンの4都市が推進都市に指定されている。

同州では約120の企業、30の研究機関、50以上の自治体が関わり、プロジェクトを進めている。1億1千万ユーロの予算のうち、約3分の1は連邦政府、1千万ユーロが州によるもので、残りは自治体や企業が支出している。電気自動車を推進するため、無料の充電スタンドを市内に設置しているほか、街の繁華街に電気自動車専用駐車場を設けるなど優遇している。

ヴォルフスブルクに本拠地を構えるフォルクスワーゲンは、2011年よりハノーファーでカーシェアリング市場に参入している。エコカーと呼ばれる低燃費車ゴルフ・ブルーモーションを200台投入した「クイックカー」と称するカーシェアリングは、会員1万人を超えた。従来のカーシェアリングのように年会費や走行距離による加算はなく、1分20セントとシンプルな料金体系である。パイロットプロジェクトとして、電気自動車も導入している。顧客のニーズにあわせつつ、経済的な運営をどのように進めるか。充電など技術的解決策とともに、電気自動車をいかに従来のカーシェアリング市場で活用していくかを探る。

ハノーファーでは、レンタル電気自転車を導入するパイロットプロジェクトが進んでいる。車の代替として、公共交通機関との併用をすすめており、これまで自転車にあまり縁のなかった人を呼び込みたいとしている。10台用意し、市民に電気自転車の存在を知ってもらうとともに、社会的にどのように受け入れられるか調べている。１００kmほど南にある観光地ハルツ山のふもとにも75台用意する予定だ。標高差の多い地域で、普通の自転車ではしんどいため、電気自転車を使うメリットは大きい。

ハノーファー警察署でも電気自転車９台が使われている。ヘルメットを含む全装備に２２５０ユーロかかった。１回の充電で60km走ることができ、市内パトロールに適している。車と違って小回りが利き、スピードを出しても疲れず、坂道にも強い。警察での電気自転車導入はニーダーザクセン州で初めての試みである。電気自動車も12台導入されており、いずれは50台まで増やす予定である。ハノーファー産業見本市で電気パトカーを披露した警察官は「静かだし、乗り心地は最高。１日５００km走れるわけではないが、街中のパトロールに向いている」と、満足そうだった。

実際のところ電気自動車は環境によいのだろうか。残念ながら、

ハノーファー警察署に導入されている電気自転車

パトカーも電気自動車で

充電に時間がかかる、充電所が少ない、長時間走れない、ガソリンやディーゼル車のように時速200㎞で長距離走行するのが難しいという声をよく聞く。国は電気自動車を増やそうとしているが、思うほど進んでいないのは、これらの課題がクリアされていないからだろう。

電気自動車については賛否両論があるが、大事なのは電力がどこからくるかということではないだろうか。石油やガス、石炭、原子力を燃料に発電し、それを充電池に蓄えてから走るとなるとロスが大きい。しかし太陽光発電や風力発電から直接車に接続して供給できればロスは少ない。自家発電自家消費となり、理想的である。静かで排気ガスも少ないので、通勤や買い物など街中の使用に向いている。

column 4

自動車がなくても快適

ハノーファー市は毎年、カーフリーデーを開催している。楽しみながらエコについて学べるイベントとあって、大盛況。２０１４年は13万人が訪れた。

ドイツでは日本のように、月に何回かカーフリーデーを定めてマイカーを使わないよう呼びかけるのではなく、年に一度大きな催しを開くのが一般的だ。街の中心部から車を締め出し、路面電車やバスは片道券で終日乗り放題にして、遠方からも集客する。広い自動車道路を自転車やローラースケートで走ると、気分は爽快。道路の上に落書きしたり、道路の真ん中に椅子を持ち出し、お茶会ができる。

歩行者天国となった路上では、環境保護団体や市民団体、自然エネルギー関連会社などにより、エコや持続可能な社会をテーマにしたブースが１００ほど並ぶ。ブースはフェアトレードやオーガニック、環境教育、農業、ベジタリアンなどさまざまな分野に及ぶ。自転車やローラースケートのレースをはじめ、音楽の生演奏やダンスもあり、気候保護に興味のない人も十分楽しめる。楽しむついでに、少しでも知識を増やしてもらいたいという狙いである。

特に２０１４年は交通関連に力を入れ、普通の自転車はもちろん、電気自転車がたくさん展示された。外見や乗り心地など、各社比較でき、購入を考えている人にはありがたい。調査によると、ドイツの50万人以上の都市では30％の人が車やバイクを持たず、自転車のみを保有しているという。地方に行くと、自転車のみを保有している人は５％に下がる。都市部では信号や渋滞のため、車より自転車の方が早く移動でき

カーフリーデーに歩行者天国となった路上で遊ぶ子どもたち

る。

また、電気自転車はお年寄りはもちろん、長距離通勤にも適している。今回の展示では、さまざまなメーカーの天然ガス車や電気自動車が比較できるコーナーもあった。近距離交通会社のウーストラは、最新のハイブリッドバスを披露した。

エネルギー分野では、ソーラーパネルやペレット暖房の会社が商品を展示し、気候保護エージェントやプロクリマなど省エネや気候保護に取り組む団体もブースを構えた。クイズや実験を通して温暖化の仕組みや省エネについて学び、大人も子ども楽しんだ。

ドイツ車は世界的に有名だが、若者を中心にマイカーを持たない人が増えてきている。カーシェアリングが市民権を得るなど、価値観の多様化とともにライフスタイルも変化している。ハノーファーでは既存のタイプのカーシェアリングはもちろん、フォルクスワーゲンがドイツで初めてハノーファー市でカーシェアリング業界に参入。もとの駐車場に戻さずに乗り捨て可能な新しいスタイルで、顧客を増やしている。

カーフリーデーは、車がない状況を体験でき、車を必要以上に乗らないようにするきっかけになっている。お祭り気分で楽しみつつ、役立つ情報満載のイベントである。

4・2

再生可能エネルギーを推進するニーダーザクセン州

集中する核廃棄物の処分場

ニーダーザクセン州はドイツの北西部に位置し、北海に面している。州都であるハノーファーをはじめ、グリム童話で有名なハーメルン市を有する。特別州であり市でもあるハンブルクとブレーメンも、位置的にはニーダーザクセン州内にある。泥炭地や潅木の生える荒地は自然保護地区となっており、観光客に親しまれている。

ニーダーザクセン州は反原発運動が盛んである。州として原発反対を表明し、2020年までに再生可能エネルギーで80%をまかなうという独自の目標を立てている。国レベルでは2050年までに80%という計画だから、30年早い。

なぜ同州はこんなに再生可能エネルギーを熱心に推進するのだろう。それは同州に核廃棄物の処分場が集まっているからである。使用中の高レベルの放射性廃棄物の中間保管所であるゴアレーベンと、中・低レベルの放射性廃棄物を95年まで投棄していたアッセがある。さらに中・低レベル放射性廃棄物の最終処分場予定地であるコンラードが造成中である。どれも旧東ドイツの国境に近く、過疎地のため候補地となった。

旧東ドイツのモルスレーベンに中・低レベルの放射性廃棄物処分地があるが、ここもニーダーザクセン州と隣接している。つまりこの4つの主要な処分場はすべて北ドイツのニーダーザクセン州内または周辺にある。そのうえ高レベルの放射性廃棄物の最終処分場を同じくゴアレーベンにつくろうと、30年以上前から調査が進められてきた（173頁 図5・1参照）。

大きな反対運動を巻き起こすキャスク輸送

ドイツの使用済み核燃料は、再利用を目指して、フランスのラアーグで再処理されてきた。しかしドイツでは2002年の脱原発法により、使用済み核燃料の再処理が禁止されたため、2005年以降は再処理されていない。しかし1995年より2011年までに計13回、再処理された使用済み核燃料を入れた特別容器であるキャスクが、フランスより暫定保管所のゴアレーベンに戻された。列車で1200㎞の距離を運ばれた後、最寄り駅のダンネンベルク駅から最後の20㎞はトラックでの輸送となる。

輸送ルートや日時については公開されないが、注意しているとだいたい予想がつく。輸送情報は市民たちのネットワークで全国に発信され、毎回大規模な反原発運動が展開されてきた。座り込みやデモ行進が行われるが、路上で「誕生日会」を開いてコーヒーとケーキを周囲の人に振舞ったり、仮装したりと平和的だ。しかし中には道路封鎖をはじめ、線路に鎖で体を縛りつけて列車走行を妨げたり、警官に石を投げるなど強硬な行動を取る人もいる。鎖で縛りつけた人を取り除くため線路を切断したり、座りこんでいる人をひとりずつ持ち上げて運ぶなど警察の負担も大きい。路上で何十時間も輸送を待ったり、テントで夜を明かすなど、寒空の下、デモ隊も体力勝負である。２０１１年11月の輸送時には5千人がデモに参加し、州警察官1万1千人を含む合計2万人以上の警官が動員され、丸5日かかって輸送は完了した。

州は警察の動員のため、２０１０年は３６５０万ユーロ、２０１１年には３３５０万ユーロを支出した。国のために処理済廃棄物をゴアレーベンに受け入れているのに、警備費用を同州だけが負担するのはおかしいと州政府は訴えている。

フランスからのキャスク輸送はこれで終了したが、将来イギリスのセラフィールドから再処理された核廃棄物が戻ってくることになっている。脱原発が決まっているのに、自国の核廃棄物の返還に反対することに何の意味があるのかという声もある。もちろんキャスクから放射能が漏れており、警察官やデモ隊の健康を害しているという批判もある。しかしキャスク輸送反対運動は、反原発運動の象徴となっている。このような状況により、ニーダーザクセン州は特に核廃棄物の処理や原発については敏感である。

2014年6月にハノーファーで行われた反原発デモ

2014年6月のデモには、ドイツ各地から日本人も参加。ニーダーザクセン州環境省の建物前にて

100%再生可能エネルギーを目指して

ニーダーザクセン州は、持続可能なエネルギー政策を掲げており、積極的にエネルギーシフトを進めていくことを明言している。CO_2の削減をはじめ、100%再生可能エネルギーを推進している。エネルギーは、きれいで、安全で、高すぎないべきだとしている。

具体的には2050年までに、1990年比でCO_2を80~95%減らすことを目標に掲げる。脱原発と、化石燃料の依存から脱却し、近い将来、州内に100%再生可能エネルギーを供給したいとしている。あわせて電力効率化と省エネ、蓄電を進める。北海に面しているため、風が強く、陸上、洋上とも風力発電所に適している。3章で紹介した風力発電装置メーカーのエネルコンがあるのも大きい。

2014年は電力や熱を含む一次エネルギー消費は、約30%が天然ガス、20%が原子力で、再生可能エネルギーは12・6%だった。2020年には再生可能エネルギーを25%にすることを目標としている。

またニーダーザクセン州によると、2014年2月に州内の再生可能エネルギーの発電量は住民1人あたり3MWで、16州のうち5番目だった。2014年ニーダーザクセン州は、再生可能エネルギー分野の研究に最も支出しており、先進的な研究が進んでいるという。2020年には必要な消費電力分を州内において再生可能エネルギーで発電できるという試算もある。州内の経済構造の中で再生可能エネルギー分野が2%以上を占めており、重要な役割を果たしている。

Interview

州として反原発を表明

シュテファン・ヴェンツェル環境大臣

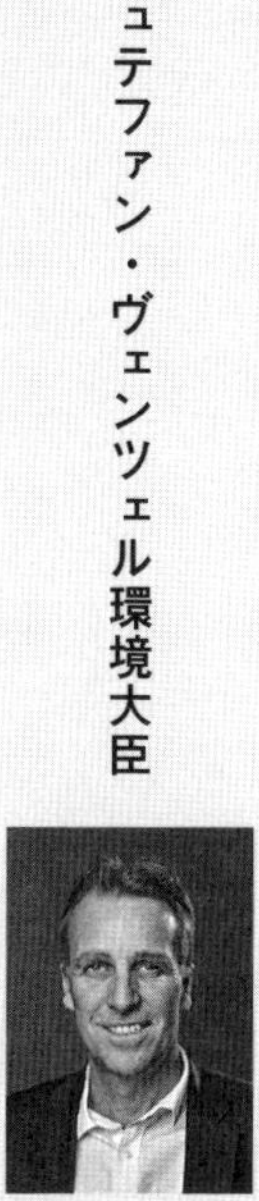

ニーダーザクセン州のシュテファン・ヴェンツェル環境大臣（緑の党）に、核廃棄物について話を聞いた。大臣は、故障が頻発している州内のグローンデ原発の停止を要請したり、州内に高レベル放射性廃棄物の最終処分場をつくることに反対するなど、反原発の立場を明確に打ち出している。

――高レベル放射性廃棄物の最終処分場探しの主な問題は何か

高レベル放射性廃棄物は、自然界には存在せず、人が見たり感じたりすることができない。半減期が何万年となるものもあり、将来にわたって自然界や人間を放射線にさらすことになる。それを自然界や人間に危険のないように処分することは、技術的にも社会的にも困難な課題である。高レベル放射性廃棄物は熱を帯びているため、ガスをつくりやすく、扱いも大変である。核兵器や犯罪に使われる恐れもある。

――ニーダーザクセン州の状況は？

ニーダーザクセン州には、アッセという世界初の「核廃棄物処分場」がある。当時は永久に安全だといわれたが、残念ながら10年後に、すでに地盤がもろく問題があることがわかった。現在は廃棄物を入れたキャスクを取り出さなければならない事態となっているが、めどは立っていない。

また、ニーダーザクセン州は、ドイツ連邦政府と長らく闘ってきた州でもある。高レベル放射性廃棄物の処理場を政府は州内のゴアレーベンにつくろうとしてきたし、中・低レベル放射性廃棄物処理場としてコンラードの建設が決まった。それ以外に中・低レベル放射性廃棄物の暫定保管所がいくつもある。州内には5基の原子力発電所があり、そのうち2基は2022年まで稼働の予定である。そのためニーダーザクセン州は、原子力エネルギーの厳しい現実をもっとも突きつけられている州となっている。

特に、専門家や中央政治への不信も大きい。アッセは元岩塩採掘所であり、予定していたゴアレーベンの最終処分場の試作という位置づけだった。その後、水が浸入して岩盤崩壊の恐れがあることが判明したが、担当省庁や研究機関は情報を隠し、学術的対処をしなかった。これが明らかになり、役所や研究機関の信用は地に落ちたが、それは現在でも続いている。

ゴアレーベンは長らく候補とされてきたが、そもそも処分場には不適切だと最初は候補地に入っていなかった。それがいつの間にか、政治的な意志により最有力候補に祭り上げられてしまった。地下水が岩塩のすぐ上を流れていて水が浸入しやすいうえ、大雨などでエルベ川が氾濫すれば岩塩の上を水が流れることになる。「塩の割れ目は自然に閉じる」という説があったが、それが間違いであることはアッセで証明された。

――ニーダーザクセン州から日本が学べることは?

日本で核廃棄物最終処分場について、しっかりした計画がないのは信じがたいことだ。原発は社会において何十年もの間、争いの種となり、高額なコストもかかる。原発を選ぶという間違いを、ドイツも日本も繰り返すべきではない。原発は人類に大きな負担を強い、予想外の事態を招くものである。福島から学べる教訓は、脱原発である。

5章

ドイツのジレンマ

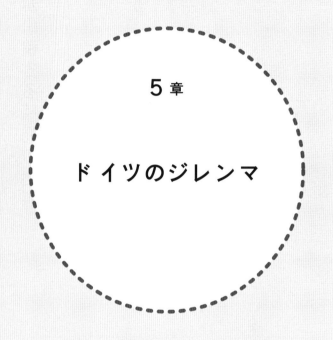

5・1

課題が山積する原発の終焉

現在ドイツでは9基の原発が稼働しているが、そのうち8基は稼働20年以上、1基は30年以上たっている。すべて2022年までに順次稼働停止となる予定である（図5・1）。ドイツを含むヨーロッパ全体（ロシアを除く）では151基が稼働しているが、66基がすでに30年以上経過しており、そのうち7基は40年以上となっている。福島原発の事故が、新設を阻止するブレーキとなっている。ドイツ環境研究所の調査によると、ヨーロッパの原発は平均29年（2014年1月現在）たっており、老化により危険性が高まっているという。配管や冷却装置、空気交換器が古くなると事故が起きやすくなるため、同研究所は「原発リスクの時代に入った」と警告している。

未解決な核廃棄物処理

ドイツの法律では、核廃棄物の処分場が決まらなければ原発は稼働させてはいけないことになっている。

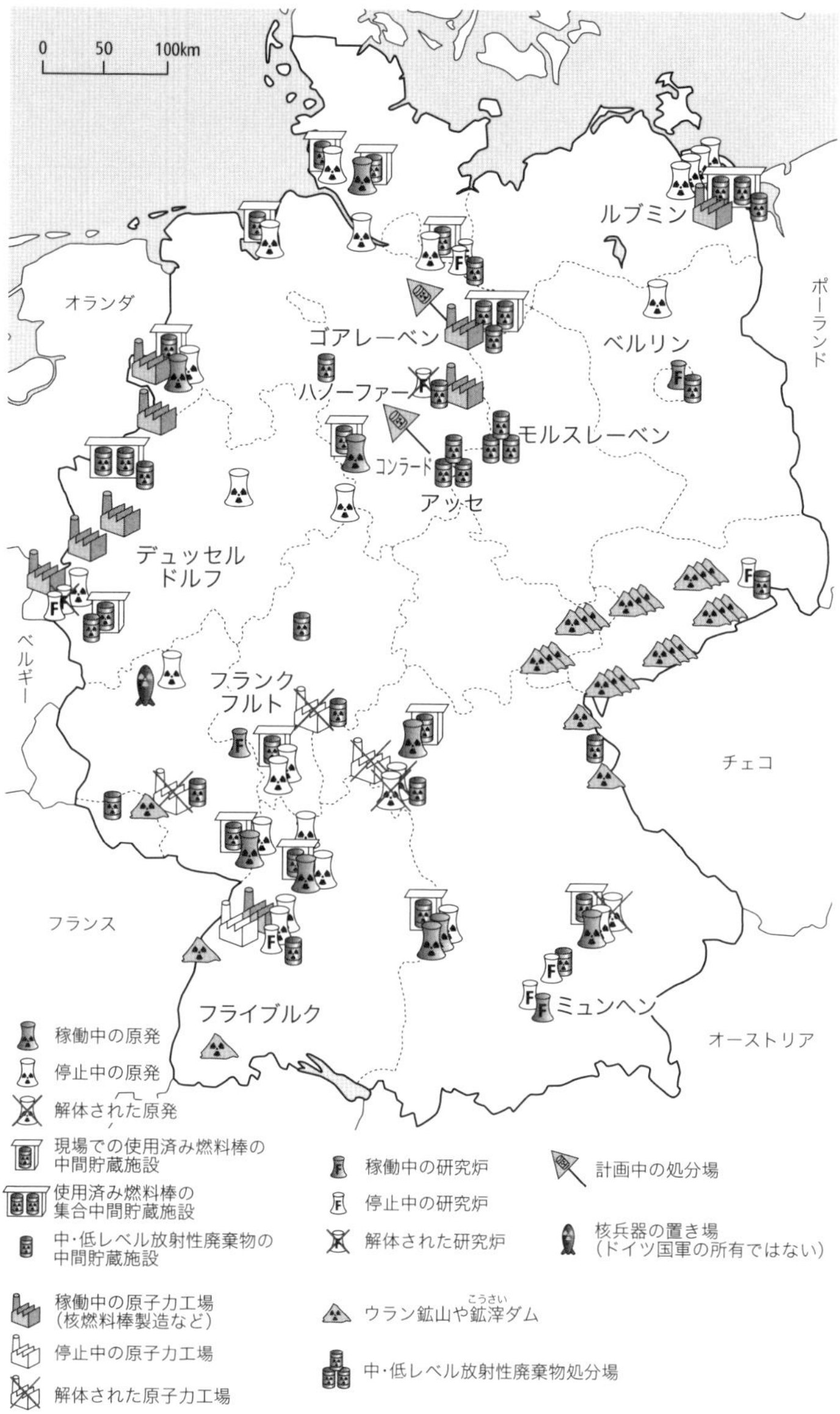

図5·1 ドイツの核廃棄物の分布図（提供:クリスティーナ•アルブレヒト、ユリアン•メルケル、コリナ•ゼンフトレーベン

それにも関わらず、「ほぼ決まったも同然だから」と見切り発進し、しかし高レベル放射性廃棄物の処分場はいまだ見つかっていない。正確には違法の状態にあるのだ。

核廃棄物とひとくちにいっても、高レベル放射性廃棄物と中・低レベルの放射性廃棄物では処分の仕方が違ってくる。

高レベル放射性廃棄物は原子力発電所や再処理工場から出るもので、使用済み核燃料や、それを再処理工場で処理した際の廃液を固化したガラス固化体がそれにあたる。特別なキャスク（容器）に収められている。量は比較的少ないが、熱を発生しており、数十年冷やし続ける必要がある。半減期が何万年になる核種が含まれており、その後も隔離して厳重な管理が必要だ。

中・低レベルの放射性廃棄物は、研究所や事業者、医療機関などから出た放射性廃棄物や、原発を解体する際に出た放射性を帯びたごみを指す。これまでに約1万トンの廃棄物が出ており、各地の暫定保管所で保管されている。

加えて放射性を帯びた資材がある。原子炉から出る放射性物質の99％はこれに分類される。現場で解体され、一般の産業廃棄物やリサイクル用資材として原発の敷地から運び出される。しかし搬出にあたっては放射能濃度が危険であるかどうか測定するため、1・2m×0・8m×1mの立方体の金網のボックスに納まるようにしなければならない。この解体作業に、大きな手間がかかる。

2010年、高レベル放射性核廃棄物の量は1900m^3、中・低レベルの放射性廃棄物は12万5千m^3だった。２０８０年までにはそれぞれ3万m³、60万m³になると予想されている。この大量の廃棄物はどこにいくのか。まずそれぞれ、原発に併設されている暫定保管所に収納される。その後一部は中間保管所に移され、最後にはすべて最終処分場に持ち込まれることになる。ゴアレーベンにすでに高レベル放射性核廃棄物の中間保管所があり、そこで何十年か暫定的に保管して温度が下がってから、最終処分場に移す計画だが、最終処分場はまだ見つかっていない。

一度捨てた廃棄物取り出しに揺れる――アッセ

中・低レベル放射性廃棄物の最終処分場として、岩塩採掘場の跡地を利用したアッセがある。１９６７年から１９７８年の間に中・低レベル放射性廃棄物のキャスク約12万6千個、4万7千m³分が投棄された。現在ドイツで主流となっている岩塩に廃棄するやり方はここが始まりで、最初は研究用処分場との名目だった。岩塩は乾燥しており、熱伝導性があり、浸透性が低いとされているために、処分場に適すると考えられていた。しかし、いずれは取り出すという話だったのに、なし崩し的に最終処分場となり、地元住民は「だまされた」と憤る。医療用の放射性廃棄物を実験的に持ち込むという説明だったのに、医療用は5％にも満たなかった。周辺にいくつもの反原発団体があるのは、アッセ処分場の存在が大きい。

岩塩を取り出したあとの空洞は、幅60m×40m、高さ15mで、このような穴が１３１個密集している。そのうち、地下７５０mのところに位置する13の穴に核廃棄物は収められている。最初はキャスクを丁寧に積み上げていたが、しだいに建機で15m上から投げ入れるようになった。経済性を優先し、キャスクが破損しても仕方ないとした。当時は原発法ではなく鉱山法で管理されていたため、安全基準が現実に即していないのも問題だった。住民からの訴訟により、1978年に投棄は中止となった。

その後長らく放置されていたが、2008年に処分場に1日約1万2千ℓの水が流れ込んでいることが発覚。水が核廃棄物に触れ、地下水に流れ込むと、飲料水や周囲環境を汚染する恐れがあり、大スキャンダルとなった。さらに岩盤がゆるんでおり、現場自体が崩壊する可能性があり、予断をゆるさない。

実際に地下750m地点に入る機会を得た。感じたのは、鉱山という場所はとても過酷な職場であるということだ。ほこりっぽくて暗く、空気が淀んでいる。奥に入るにつれ、妙に蒸し暑い。エレベーターがひとつしかなく、「これが壊れればもう二度と地上に戻れない」と思った。現場が崩れないよう維持するため、500人が3交代で従事している。キャスクが投棄されている穴はコンクリートでふさがれており、見れるのは坑道の一部だけだったが、いずれも天井が太い金網で強化され、壁をコンクリートのザックで覆っていた。すでに変形している箇所もあり、壁にひびが入っている。漏れてきた水を貯める大きな水槽もあった。汚染されていなければセメントづくりに使い、坑道を埋めて現場を安定させようと試みている。

上：地下 750m のアッセの坑道。ところどころ鉄柱や砂袋で補強されている
下：現場で概要を説明する連邦放射線防護庁の職員

Grubengebäude mit
markierter 750-Meter-Sohle
Schacht 4
Schacht 2
Füllort
Standort
Blindschacht 3
Einlagerungskammer
7/750
Arbeitsbereich vor
Kammer 7/750
Sumpf vor Kammer
12/750 (bis 2013)
Einlagerungskammer
12/750

政府は、移管作業は早くても2033年より可能だと発表している。しかし、一度廃棄したものを取り出して別の場所に移した例はこれまでになく、破損や腐敗しているキャスクを安全に取り出せるのか危惧されている。すでに10億ユーロかかり、今後も毎年1億1千万ユーロかかると試算されている。基本的に核廃棄物処理は電力会社の責任だが、アッセは当時900万ユーロほどの委託金で政府が請け負ったので、今後も税金が投入されることになる。

連邦放射線防護庁は2009年、アッセ処理場に隣接してインフォセンターを設置し、情報公開を心がけている。定期的に冊子を発行するなど、住民に少しでも現状を理解してもらおうと苦心している。

水の浸入が公になったとき、同庁は地元住民に3つの解決案を提示した。①ぴっちりふさいでしまう、②地中900mのところに移動させる、③いったん地上に取り出し、別の場所に処分しなおす。住民たちは長期的に見て、どれが一番安全かを考え、③を選んだ。同庁はその案を尊重し、市民代表も入れて委員会を設定して、2014年1月に取り出し計画をまとめた。

具体的には、近辺に暫定保管所を建設し、破損した容器の入れ替えをしてからそこでしばらく保管し、いずれ最終処分場に運ぶというもの。しかし、最終処分場は見つかっておらず、暫定保管所を現場付近に建設することについて地元住民は反対している。

新たに建設中の最終処分場――コンラード

新たな中・低レベル放射性廃棄物処分場として工事が進んでいるのは、コンラード鉱山跡である。コンラード鉱山跡には30万3千m³分の空間があり、２０８０年までに廃炉８機からの30万m³の廃棄物が収納される予定である。１９８２年より調査をし、地元住民に意見を聞きながら、２００２年に計画を決定した。しかし反対派から裁判を起こされるなどして着工は遅れ、２００８年１月から工事がやっと始まった。２０１９年の稼動を目標にしているが、ニーダーザクセン州環境省によると稼働は２０２１年になりそうだ。しかし、ここにもアッセから取り出した廃棄物を受け入れるスペースはなく、拡張をする案が浮上しているが難航している。

難航する最終処分場探し――白紙に戻ったゴアレーベン

苦戦しているのは、高レベルの放射性廃棄物の最終処分場探しである。政府は70年代から元岩塩採掘場のゴアレーベンを候補地として調査し、すでに20億ユーロが投入された。しかし選定プロセスが不透明だとして白紙になり、ゼロから処分場を探している。

２０１３年７月に可決された高レベル放射性廃棄物の最終処分場探しの法律により、２０４０年稼働を目標に、２０１５年末までに候補地選定基準や安全指針、処分地コンセプトなどを連邦と州関係者による委員会で決める。それを元に候補地を選び、地上調査はもちろん、地中調査も最低2候補地で行うこととされている。新たな最終処分場探しは調査だけで10億ユーロかかると見込まれている。候補地探しの費用は、原発を保有する電力会社が全額負担することになっているため、電力会社はこれまでの調査が無駄になった上、新たに調査費用がかかると不満を表明している。

2015年3月11日、ハノーファー市内で開かれた催しで、ハノーファーのシュテファン・ショシュトック市長とニーダーザクセン州のシュテファン・ヴェンツェル環境大臣は、福島の被災者に思いを寄せ、黙祷した。その上で「私たちは脱原発とエネルギーシフトをさらに進めていく。福島は、原発は稼働中はもちろん停止して解体するまで安全にやり遂げなければいけないと警告している。核廃棄物の処分先が決まっていないのも大きな問題である。福島原発の事故をみても、一刻も早く脱原発すべきである」と話した。

これはドイツ人の意見を代表している。ドイツでは原発に反対する理由として、「核廃棄物を安全に処分できる保証がないから」という声がよく聞かれる。福島原発の事故を見て、一度事故が起これば膨大な環境破壊とコストがかかることを初めて理解した人も多いだろう。ドイツでは脱原発決定は既成の事実であり、その後の電力供給をどうするかの議論に移っている。

5・2

これからが本番。ドイツのエネルギーシフト

電気代が高いのは、再生可能エネルギーのせい？

２０１４年のドイツでは、電力の平均価格は１kWhあたり29・８セント（約40円）だった。最近メディアでは「電気代が高すぎる」との報道が頻繁にみられ、「高いのは再生可能エネルギーのせい」「高くて支払えず、電気を停められた家庭が出ている」と批判口調である。ひいては「再生可能エネルギー政策は失敗した」とまでいわれている。電気代が高いのは、本当に再生可能エネルギーのせいなのだろうか。

１９９８年より電力市場が自由化されているドイツでは、電力は株のように市場で売買されており、電力小売業者の多くはこの市場で電力を調達している。ＦＩＴ制により買い取られた再生可能エネルギーは電力のスポット市場にて取引される。ＦＩＴ制による買い取り価格と市場価格との差は「賦課金」として、消費者全員に分配されることになっている。つまり再生可能エネルギーを購入した人だけでなく、原則と

して電力消費者全員に賦課金が課されることになり、2014年は1kWhあたり6・24セントだった。これは電力料金の約2割にあたり、平均的な4人家族世帯（年間3500kWh消費）では、218ユーロ＋消費税19％の負担となる。

アルミニウムや鉄鋼工場など電力の大口消費会社は、賦課金の減免を受けている。電力料金が高くなると、国際競争に勝てないという解釈からだが、ドイツ鉄道など国際競争と関係ない会社も減免となっている。さらにフォルクスワーゲンなど自家発電している企業も、賦課金を払わなくてよい。ドイツ環境自然保護連盟（BUND）によると、発電量のほぼ半分において賦課金が負担されていないという。2013年は総額40億ユーロが免除され、その分、一般世帯や中小企業が負担している。つまり大企業は負担せず、その分小口消費者が負担するというゆがんだ構造になっており、それが電力料金を押し上げている。

シェーナウ電力会社のエネルギー担当エヴァ・シュテーゲンも「電力料金が高いのは、電力を大量消費する会社が賦課金免税の恩恵を受けているから」と憤る。シュテーゲンが作成した図5・2を見ると、一目瞭然である。2009年にキリスト教民主同盟と自由民主党が政権を組んでから賦課金は倍々に伸びてきた。2009年には1kWhあたり1・20セントだったのが、2014年は6・24セントと5倍以上に。ところが再生可能エネルギー法による買い取り総額は108億から189億と倍にもなっていない。本来なら賦課金は、再生可能エネルギーの伸びに比例するはずである。

電力料金が高いという人もいるが、高くなったのは電力だけでなく石油やガス代もそうである。メディアが一部の事実だけを取り上げ、過剰に報道している部分がある。貧しい家庭など、電気代が払えない人には、断熱工事や省エネ指導をするなど、政府がサポートをするべきである。

「再生可能エネルギーの買い取りの助成金の半分は太陽光発電に投入されているが、ソーラー発電は再生可能エネルギー分野の5％しかない」という声も聞く。しかし発電コストの安い太陽光発電により、昼間のピーク時の電気料金が大幅に下がっている。太陽光発電量は2007年は3100GWhだったが、2011年には18500GWhと5倍になった。おかげで午前11時から12時の1時間、2011年の電力市場の価格は2007年と比べて4割減となっている。つまり大口消費企業は

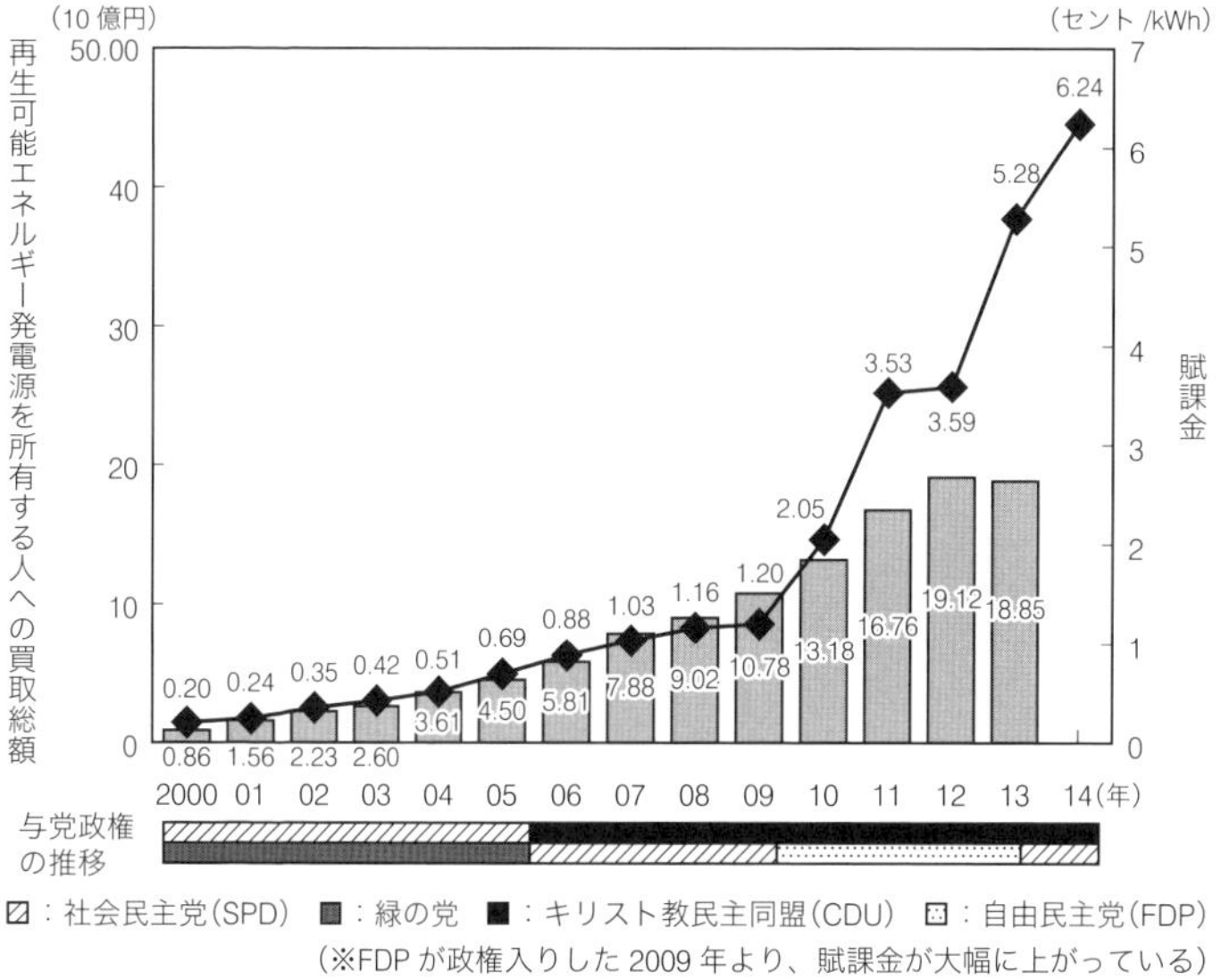

図5·2　再生可能エネルギー法による固定買取価格での総買取額と、一般家庭における賦課金の推移（作成：エヴァ・シュテーゲン、ティナ・ターナス）

負担額を払わなくていい上、市場で安く電力を調達できるという二重の恩恵を受けている。

しかし一般消費者に恩恵はない。市場での電力料金が下がっても、消費者への電力料金は上がる一方だ。市場価格と買い取り価格の差が大きくなればなるほど、その分が賦課金として一般消費者に課されるからである。

ドイツでは1970年から2012年まで原発に1870億ユーロ、石炭や褐炭には1770億ユーロの補助金が費やされた。一方、再生可能エネルギーへの助成金は約540億ユーロだったという。コストは誰かが負担しなければいけない。その際、コストが見える化されているか否かが重要になる。原発は廉価だと宣伝されてきたが、研究費開発など見えない形で多額の税金が費やされてきた。加えて核廃棄物処理や廃炉のための費用や、事故が起こったときの補償コストが上乗せされると、莫大な額になる。補償のための保険を含めると、1kWhあたり2ユーロになるとの調査もある。

再生可能エネルギー法改正で市民電力にブレーキか

ドイツ政府は2022年の脱原発に向けエネルギーシフトを推進しているが、2014年8月に再生可能エネルギー法を大きく改正した。連邦経済エネルギー省のホームページによると、「エネルギーシフトは経済的に成功してこそ、すべての市民が利益を受けることができる」とし、電気料金の値上がりを防ぎ、適切に再生可能エネルギーを推進するための法改正と位置付けている。しかし初めて再生可能エネルギーの伸びに上限を設け、電力の販売先をいずれは自分で見つけなければいけないなど、影響は計り知れない。

再生可能エネルギーを推進するために、ドイツでは2000年より再生可能エネルギー法により、20年間固定価格での買い取りを保証するとともに、再生可能エネルギーによる電力を最優先すると決めてきた。発電設備を自宅に設置した場合でも全額買い取りが保証されており、日本のように家庭で使用した後の残りだけが買い取りの対象となるわけではないため、金銭的なメリットが大きい。

そもそもこの法律は再生可能エネルギー分野の拡大と技術革新を狙ったもので、毎年買い取り価格は下げられてきた。いずれ市場競争で耐えうるようにするのが目的で、この制度が成功すればするほど縮小され、消える運命にある。ドイツを手本に、すでに世界50ヶ国以上で同様の法律が導入されている。現在は賦課金の総額は240億ユーロだが、この負担を減らすための法改正であり、エネルギーシフトの新しいスタートと同省は強調している。

全量買い取りは容量500kW以下の発電施設に限定され、それ以上の施設は自分で販売先を見つけなければならない。いわゆるフィードイン・タリフ（FIT）制度からフィードイン・プレミアム（FIP）制度への移行で、プレミアという形で助成金がおりるが、リスクは大きくなる。再生可能エネルギーを扱う電力会社と契約できればよいが、できなければ電力市場での自由取引となり、素人には敷居が高い。2016年1月からはさらに1000kW以上の発電施設が対象となる。

太陽光、陸上風力は年間最大2500MWまで新規建設を可能とした。バイオマスは毎年100MWを上限とし、新規建設には生ごみや食べ残しを原料としたものだけ許可する。特にバイオマスの上限は厳しい。上限を越えると固定買い取り価格が下がる仕組みとなっている。現在の買い取り価格は、発電設備の大きさに応じて1kWあたり11～16セントである。

政府はこれまでの再生可能エネルギーの成長は早ければ早いほどいいという方針を改め、買い取り価格を抑えることで、バイオマスや太陽光、風力発電の設備の新規建設の増加を抑えようという計画である。

一方、洋上風力は特別待遇となっている。設備投資が高いため、発電された電力は1kWhあたり18セントで買い取られる上、2020年までに6500MW、2030年までに1万5千MWと発電力の目標を高く掲げている。しかも、発電したが送電線の不備で供給できなかった場合の補償もされることになっている。

さらに自家発電自家消費の電力にまで、賦課金の負担が発生するようになった。2014年8月以降に稼働となった再生可能エネルギー以外の発電では、賦課金は全額負担となる。再生可能エネルギーの電力源やコジェネレーションでの発電により生まれた電力については、2015年末まで賦課金の30%、2016年は35%、2017年以降は40%の負担となる。一方、2014年7月末までに稼働となった電力源については、将来もずっと賦課金の負担はない。個人が屋根に載せたソーラーパネルで発電して使用する場合にも、3割の賦課金がかかるとあっては自家消費のメリットが薄れてしまう。

この法改正は、電力市場全体に変化を迫るものである。2016年、2017年からは販売量に対する報酬ではなく、実際に発電しなくてもいつでも発電できる待機状態にお金を払うオークションキャパシテイシステムの導入が予定されている。緑の党のユリア・フェアリンデン議員は新聞のインタビューで「この法改正により、ソーラーエネルギーは安くなるどころかかえって高くなるだろう」と危惧し、市民エネルギーを大幅に減らすと警告している。

化石燃料を土台にした省エネ社会か、再生可能エネルギー100%社会か

ドイツは再生可能エネルギーを推進してきたが、予想以上の伸びで送電線整備が追いつかず、波のある発電量に対応できないでいる。それはなぜだろうか。オストファリア大学のエネルギー最良化システム研究所のヨルゲン・クック教授は、「再生可能エネルギーだけによるエネルギー経済は、これまでの再生可能エネルギーを一部含む省エネの化石燃料エネルギー経済とはまったく異なるからだ」と断言する。エネルギーシフトの推進が混迷しているのは、既存のエネルギーシステムを前提とした対応をしようとしているからだ。つまり、いずれ再生可能エネルギーのみでのシステムを目指すなら、考え方を根本から改めなければならない。

これまでのエネルギーシステムは、石油や石炭、天然ガスなど化石燃料を資源とし、それを燃料として車を走らせたり、燃やして暖房としたり、燃やした熱でタービンを回して発電してきた。資源をさまざまな形に変換し、最後にたどりつくのが電力という形態だったのである。ところが再生可能エネルギーでは、風力や太陽光を通して、まず「電力」というエネルギーの形がつくられる。それを燃料や力、熱に変換す

るのである（図5・3）。これまでとはまったく違うプロセスのため、それに適したエネルギーの使用方法が必要となる。

ドイツのエネルギー政策は過渡期にきている。これまで限りある資源である化石燃料をエネルギー源としてきたが、今後はこれまでのように化石燃料を基礎として、かつ電力効率化と省エネに力を入れるのか、それとも再生可能エネルギー１００％の方向を目指すのか決めなければならない。

エネルギーシフトは電力シフトであり、燃料や交通、暖房については再生可能エネルギーの利用が少ないためエネルギー経済全体の変化ではないといわれてきた。しかし、クック教授は「電力分野におけるエネルギーシフトが進んでからはじめて、燃料や暖房分野でもシフトが進む。再生可能エネルギーでは、風力と太陽光が中心となるだろう」といい、これからが本番だという。

化石燃料のエネルギーシステムでは、コジェネレーションは熱と電気の両方を生み出すため、非常に効率がよいといわれる。しかし再生可能エネルギー１００％のシステムでは、電力をわざわざ燃料の形に

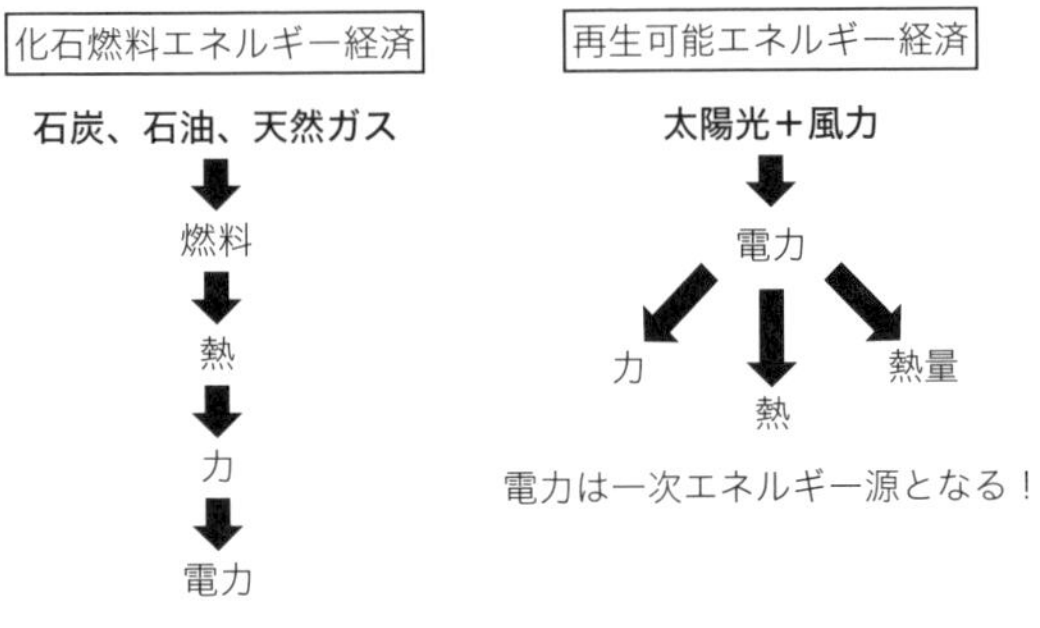

図5·3　異なるエネルギーシステム（提供：ヨルゲン・クック教授）

変換して、それを燃やすというのは効率が悪い。「木片やペレット、バイオガスを燃料としたコジェネレーションの利用はできるだろうが、数は減るだろう」と予想する。

また安定した電力供給のために、既存のエネルギーシステムでは火力や原子力発電所などの集中型の発電所が必要だった。しかし再生可能エネルギー100%の場合は分散型であり、集中型は必要なくなる。

再生可能エネルギーシステムでは、建物の断熱、すなわち熱を逃さない建築構造も重要となる。既存のシステムでは灯油やガスで建物ごとに暖房すればよいので、さほど重要視されていなかった。省エネの化石燃料システムでは、コジェネレーションなどを使えば熱と電力の両方が取れるので、その熱を暖房に利用すればよい。しかし再生可能エネルギー100%となると、電力を熱に変換しなければならないので、ロスが大きく非効率である。そのため断熱のよい壁や窓、空気交換器を利用して熱の喪失をできる限り防ぎ、電力から生み出した熱を効率よく利用しなければならない。夏場は同じく外の熱い空気を中に入れないために断熱が必要であり、それにより冷房費を節約できる。

電気自動車の意義も変わってくる。化石燃料を基礎とするシステムでは、燃料を電力に変換するのに多くのロスが生じるため、燃料を直接燃やす方が効率がよく、燃費のよいエンジンを開発した方がよい。ところが再生可能エネルギー100%のシステムでは、電力は一次エネルギーと位置づけられるため、生まれたばかりの電力をそのまま使う電気自動車は理想的である。自宅や職場の屋根で生まれた電力を充電したり、車の充電器を蓄電器として利用して家庭内の電力をまかなうなど多くの可能性がある。

同じく送電線の持つ意味も違ってくる。再生可能エネルギー１００％のシステムでは、送電線の整備が非常に重要となる。各地にある地域分散型の発電所をつなぎ、天候にあわせて上下する発電量を効率的にやりとりするためである。需要と供給を事前に予測したり、瞬時の変化に合わせて対応するスマートメーターやスマットグリッドも必要である。

蓄電もこれまでのシステムでは重要ではなかったが、再生可能エネルギーのみのシステムには欠かせない。40〜50日分の蓄電設備があれば、再生可能エネルギーのみで十分まかなえる。特にソーラー発電が増えると蓄電設備が多く必要となる。余剰電力は電気分解してメタンにするなど燃料化する試みもあるが、効率が悪いためなるべく電力の状態で使用することが理想的である。

ドイツで再生可能エネルギーのみでエネルギー供給するとなると、クック教授の試算によると太陽光は現在の9倍、陸上風力は13倍、海上風力は7倍必要だという。このように再生可能エネルギー１００％のシステムを目指す場合、大きな意識転換が必要である（図５・４）。

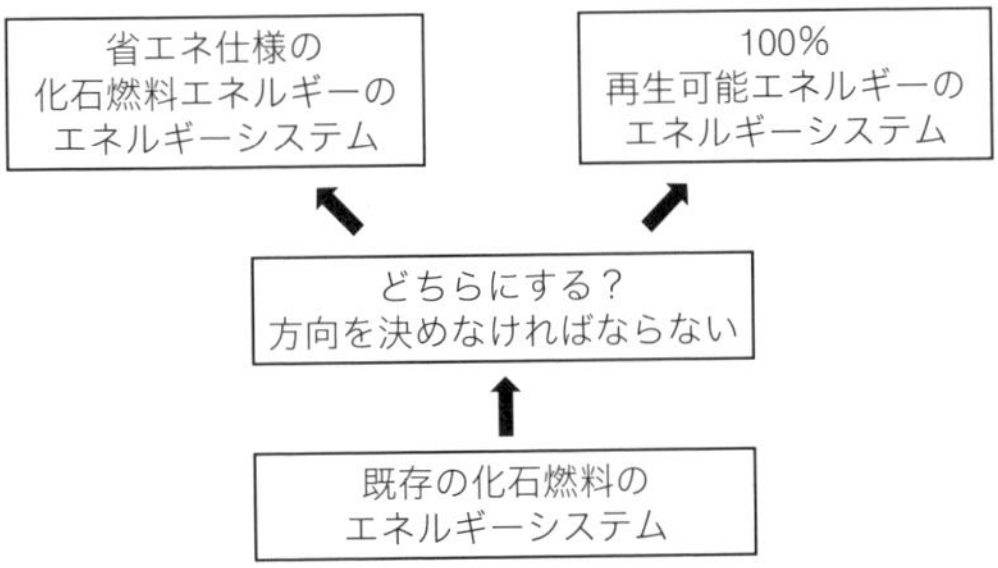

図5·4　将来のエネルギーシステムの方向（提供：ヨルゲン・クック教授）

エネルギーシフトの可能性を探る研究の最前線

オストファリア大学の「電気技術と再生可能エネルギー技術研究室」(エッケハート・ボグガッシュ教授)にはエネルギーパークがあり、1990年代から蓄電と配電システムを駆使した再生可能エネルギーの活用について研究している。当初は周囲から理解されず笑われたこともあったというが、現在では先駆的な研究だと世界中から視察団が訪れている。

5・1kWの太陽光発電装置や4kWの風車をはじめ、蓄電用バッテリーや電気自動車、電気分解装置、水素電池、コージェネレーション、電力消費シュミレーションなどを駆使し、いかに効率的に発電と消費ができるかがわかる。現在のテーマは、「建物における水素エネルギーの利用」「分散型蓄電」「建物というエネルギーシステムにおける電気自動車の利用」「送電シュミレーションの最良化」「ハイブリッドシステムのエネルギーマネジメント戦略」など多彩で、いずれは実現可能な技術とマネジメントの開発に力を入れている。

大学の屋根にはソーラーパネルがあり、向こうに小型の風車が見える

エネルギーパークの研究の一環である電気自動車

風力エネルギー・エネルギーシステム技術研究所が２０１１年から２０１３年に行った実験「コンビ発電所２」では、風力、太陽光、水力、バイオマスなど複数の発電設備をスマートグリッドで管理し、揚水発電所と電気自動車を蓄電装置として利用した。スマートグリッドにより消費に必要な分だけ供給し、消費量の予測と現実に差異が生じた場合、バイオ装置や蓄電を利用して即時に調整する。送電線で一定の電力が保たれるようにするには、これまでガス発電所など既存の発電所が必要だといわれてきたが、この実験により必要ないことが証明された。揚水発電所を活用し、蓄電技術が発展すれば、２０５０年までに再生可能エネルギーで１００％安定した電力供給が可能だとしている。

エネルギーの未来は、何を目指すのか

連邦経済省の統計によると、ドイツはウラン１００％、オイル98％、天然ガス86％、石炭81％を輸入している。自国で１００％まかなえるのは、褐炭のほかは、太陽光や風など再生可能エネルギーだけである。ドイツは世界で５番目の石炭褐炭保有国であり、石炭は国の経済を支えるものという認識がある。経済エネルギー省は、石炭と褐炭を今後も重要視していくと発表。割安だからと国内産の褐炭による発電が増えているが、褐炭には多大な補助金が投入されているうえ、環境汚染が激しくCO_2を多量に排出する。CO_2取引証書の値段を高くしたり、CO_2税を入れるなど政府が厳しく規制をしなければ、再生可能エネルギーは石炭と褐炭に押されてしまうだろう。

北海やバルト海の洋上風力で生まれた電気を、南ドイツの工業地帯に運ぶためには2千㎞以上の送電網の整備が必要だといわれている。ドイツ国内の送電線は大手4社の送電線網会社の所有となっているが、国が送電線建設計画を決める。送電線のルートがはっきりせず、住民の反対があったり、コスト高のため送電線網会社が躊躇していたりして遅々として進んでいない。

これまでエネルギー政策は環境省の担当だったが、２０１３年12月の新政権誕生により、経済エネルギー省の管轄となった。環境省は環境全般に加え、都市計画やまちづくりも担当することになった。地球温暖化防止のためには、建物の熱分野での節減が必須である。また、燃料削減の意味から交通や輸送距離を減らしたり、需要と供給を柔軟に調整するスマートシティの建設など、まちづくり全体が重要視されるようになった。環境省は以前のように再生可能エネルギー推進一辺倒ではなく、ライフスタイルや建築を含めて総合的に気候や環境保護に尽力することになった。

発電は消費量のピークに合わせて行われてきたが、今後は供給に合わせて需要を調整することが必要となってくる。例えば風力発電が盛んな時間に洗濯機が自動的に回るようにしたり、冷凍庫は通常マイナス18度に設定するが、電力が余っているときにマイナス25度にしておいて、足りないときに切っておくようにする。そうすればマイナス18度に戻るまでは電力を消費しない。発電量を調整するため、発電量が一定以上になると電源を落とせるようスイッチをつけるなど、工夫が必要になる。効率的な送電のためにもスマートグリッドが欠かせない。

今後、ドイツのエネルギー政策はどの方向を目指すのか。再生可能エネルギー100%とするのか、他の電力源も組み合わせるのか。組み合わせるとしたら、何になるのか。エネルギーシフトは社会のすべての層に受け入れられ、社会的、経済的負担にならないようにすべきだが、実際のビジョンはどうなっているのだろう。

ドイツの再生可能エネルギー政策は完璧ではなく、試行錯誤を繰り返してきた。しかし、市民のボトムアップの活動により再生可能エネルギーはここまで伸びたのは賞賛に値する。持続可能な発展とは、環境、経済、社会全体を含めて初めて成し遂げられるものであり、市民の関わりが欠かせない。

「再生可能エネルギーこそ未来のエネルギー！」に向けて、ドイツは邁進している。

Interview

安全なエネルギーとは何か

ミランダ・シュラーズ教授

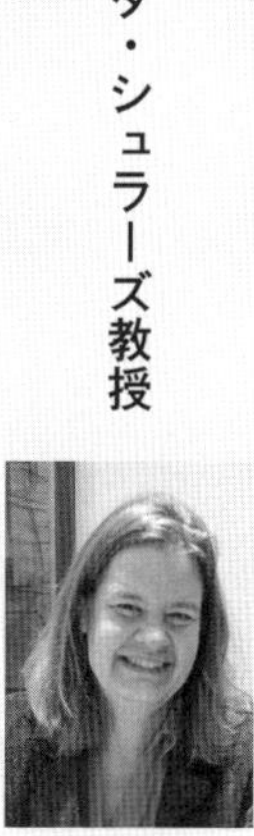

ベルリンの環境政策研究所所長で、事故後福島を何度も訪れるなど日本への造詣が深いベルリン自由大学のミランダ・シュラーズ教授は、包括的にドイツや世界のエネルギー政策の動向に迫る。シュラーズ教授は、福島原発事故後にメルケル首相が設置した「安全なエネルギー供給に関する倫理委員会」のメンバー17人のひとりだった。アメリカ人で、日本に留学経験があるため日本語堪能で、日本に通算5年住んだことがある。2007年よりドイツに住んでおり、ドイツと日本の両国をよく知っているので、外国人なのにメンバーに選ばれたのだろうと考えている。

倫理委員会のメンバーは政治家や宗教家をはじめ、哲学や経済、社会学などさまざまな専門家が顔をそろえたが、原子力関係や環境保護団体の人はおらず、極端な反対者や賛成者はいなかった。4月4日から5月28日まで2ヶ月弱にわたる活動期間中、「日本の不幸な事故は、ドイツにとってどういう意味があるか」を問いかけ、「原発を持つ社会のあり方」について根本から考えた。

原発は本当に必要なのか、そのリスクに責任を持てるかと考えたとき、「原子力事故は最悪の場合どんな結果になるかは未知であり、損害が発生する可能性を排除するためには、原子力技術をもはや使用すべきではない」という結果が導かれ、「将来にわたって安全なエネルギーとは何かと考えたとき、それは再生可能エネルギーであり、エネルギー効率化である」と結論付けた。エネルギーシフトはもちろん核拡散や放射性廃棄物処分についても提言した。提言に法的権限はないが、社会全体に大きな影響を与え、メルケル首相の脱原発決定に寄与した。

シュラーズ教授は日本へ何度も講演に訪れているが、「倫理とエネルギーにどういう関係があるのか」とよく聞かれるという。原発は技術だけの問題ではない。原子力に付随する問題は社会全体が考えるべきことで、一部の技術者や政治家が決めることではない。

「ドイツの脱原発は、デモクラシーの歴史」と話す。ドイツでは70年代より反原発運動があり、緑の党が生まれ、１９８３年に政権入りした。当時、反原発を唱えていたのは緑の党だけだった。フランスでも緑の党や反原発運動はあったが、ドイツのように伸びなかった。なぜだろう。ドイツでは緑の党が国政に入り、社会民主党（ＳＰＤ）を巻き込むことができたのが鍵となった。ＳＰＤとの連立政権で与党入りすることで、国政に脱原発を反映させることができたのである。

「エネルギーシフトは十分現実的であり、将来に大きな可能性がある。電力における再生可能エネルギーの伸びは素晴らしい成果だ」と賞賛する。２０１３年の統計によると、ドイツでは再生可能エネルギーに関わる人のうち35％が一般市民だった。これは他国では例をみず、「エネルギーシフトは政府レベルの動きでなく、ローカルレベルでの活動である」とシュラーズ教授が太鼓判を押す理由にもなっている。４大電力会社の再生可能エネルギー分野での割合は５％にすぎず、大手電力会社と市民との戦いの様相を呈している。近所に石炭発電所や原発を建ててほしいという人はいないから、大手電力会社はますます不利である。地域分散型の発電が進めば、これまで一極集中で大型にしていた電力会社の役割はなくなる。

またシュラーズ教授は「エネルギーは、資本主義の消費賞賛の影響が強い。根本的な問題は消費」と分析する。これはドイツでも日本でも、あてはまるのではないだろうか。なぜみな、新しいものを欲しがるのだろう。たくさんの電気機器を所有し、ふんだんに電気を使うことが豊かな生活なのだろうか。

しかし最近、あちこちでオルタナティブなライフスタイルが生まれつつある。マイカーやマイホームを求めず、持ち物をシェアをしたり、少ないもので満足する社会である。経済成長ではなく、生活の質や充足感を重視し、スローフードや菜食主義、ヨガなど体が気持ちいいと思うことを求めたり、自転車に乗ったり、田舎生活を楽しむなど、価値感が多様化している。これが節電や分散型のエネルギー供給、再生可能エネルギーを支持する流れにつながっている。

シュラーズ教授は、日本のＦＩＴ制の混乱について、買取価格を高く設定しすぎたことが原因だと分析する。そして「高くしたのには、二つの理由があると思われる。①早く再エネを増やしたい、②やっぱり再エネは高いと人々に思わせる。どちらだろう」とも。

日本の将来のエネルギーについては、「日本は都市が多いから、スマートグリッドやスマートメーターを使ったスマートシティ構想が鍵だろう」と話し、再エネ導入はもちろん、エネルギー消費を見直す必要がある。新しい技術をどのように都会で活用するか、省エネにつなげるかが注目されている。

原発について「日本が脱原発したらドイツの勝ち。日本の脱原発はそれほど大きな意味を持っている。しかし日本はすでに脱原発しているではないか。１基も稼働することなしに日本は回っている。フランスだったらこうはいかないだろう」と話す。「原発は世界の電力の８％を占めているが、老朽化し、これから減るばかり。まだ原発を持っていない国に、新たに勧めるべきではない。これまでなしでやってこれたのだから」と意見する。

「再生可能エネルギーは将来のエネルギーだと考えており、工夫しながら省エネや効率化を進めるのは楽しい」と考え、「これまであったものを守ろうとするのは、未来のモデルではない。今変わらなければチャンスはない。将来がかかっている」とし、「市民電力が生まれるなど、ここ数年の日本のみなさんの頑張りは素晴らしい。すぐに社会を変えられなくても、アイディアを出し、根気よく続けてほしい」とエールを送る。

おわりに

日本とドイツは同じ敗戦国で、戦後大きな復興を果たし、技術力が高く、職人仕事に秀でているなど共通点がいくつもある。しかし社会全体をみるとかなり違っている。ドイツでは政府のいうことを疑ってかかり、デモがよくあり、人々は家族との時間や自分の生活を大事にする。日本は長いものにまかれ、従順で、労働時間が長い。

ドイツに1996年から住み、いろんな人と話をし、この違いはどこからくるのかと考えた。まず日本人は時間がないということがあるだろう。ドイツに受験はなく、授業は高校生でも昼過ぎに終わるのが普通である。厳しいクラブ活動もない。働き始めても年間30日の有給休暇を全日消化し、残業も少ないため、趣味やボランティアなど自分の興味を伸ばす時間がある。そしてナチス時代の教訓がある。「市民は何も知らなかった、政府のいうことに従っていただけ」という言い訳を二度としないよう、教育の中で過去の過ちについて学び、自分の頭で考える訓練をしている。

だから原発事故を見て、市民は脱原発を求め、再生可能エネルギー推進のために行動を始めた。エネルギーシフトは下からの運動であり、それが政府を動かしたのである。ドイツのエネルギー政策は政権が変わるたびに、方針が右往左往してきたが、目標を定め着実に前進している。

ドイツの試みをすべて日本にあてはめることはできない。しかし、どうしてここまでドイツで再生可能エネルギーが伸びたのかを知ることは、日本の人々にとっても大いに参考になる。特に自治体と市民が一体になった取り組みは多岐にわたり、応用できるものがありそうだ。エネルギーの供給と消費について意識的になることが、すべての始まりとなる。どういう世界に住みたいのか、その答えは私たちの手にある。

最後に、快くお話を聞かせてくださったドイツの方々、原稿の遅れに付き合ってくださった学芸出版社の中木保代さんに心から感謝したい。安心できるエネルギー供給を目指して地道な活動を続けている人たちと話をするのは学びが多く、感嘆することがいつもあった。そして拙著を読んでくださったみなさまにとって、この本が何かを考えるきっかけになれば、この上ない喜びである。

希望と感謝をこめて　田口理穂

【著　者】

田口　理穂（たぐち　りほ／Riho Taguchi）

ジャーナリスト、裁判所認定独日通訳。信州大学人文学部卒業後、日本で新聞記者を経て、1996年よりドイツ在住。ライプニッツ・ハノーファー大学卒業、社会学修士。ドイツの環境政策を中心に、政治経済、生活全般について幅広く執筆。著書に『市民がつくった電力会社―ドイツ・シェーナウの草の根エネルギー革命』（大月書店）、共著に『「お手本の国」のウソ』『ニッポンの評判』（共に新潮新書）。

なぜドイツではエネルギーシフトが進むのか

2015年8月20日　第1版第1刷発行
2016年6月10日　第1版第2刷発行

著　者　田口理穂
発行者　前田裕資
発行所　株式会社 学芸出版社
　　　　京都市下京区木津屋橋通西洞院東入
　　　　電話 075-343-0811　〒600-8216
装丁　　上野かおる
印刷　　オスカーヤマト印刷
製本　　山崎紙工

ISBN978-4-7615-2603-0